punctum 015

Clemens Klünemann
Sigmaringen.
Eine andere
deutsch-französische
Geschichte

Matthes & Seitz Berlin

Das, was war, interessiert uns nicht darum, weil es war, sondern weil es in gewissem Sinn noch ist, indem es noch wirkt, weil es in dem ganzen Zusammenhang der Dinge steht, welche wir die geschichtliche, d. h. sittliche Welt, den sittlichen Kosmos nennen.

JOHANN GUSTAV DROYSEN,
Vorlesungen über Enzyklopädie und Methodologie der Geschichte

Inhalt

Statt eines Vorworts:
Die Wiederkehr der Dämonen

Dass Frankreich ein anachronistisches Land sei, das die Ansprüche und Notwendigkeiten der neuen Zeit nicht erkennen wolle, war Teil eines gängigen deutschen Frankreich-Bildes der Zwischenkriegszeit; ebenso wie die mit einem etwas neidischen Unterton vorgebrachte Meinung, dass die Bevölkerung des westlichen Nachbarn von einem Lebensgefühl geprägt sei, das die wirtschaftliche Leistungsfähigkeit schwäche. Das entsprechende französische Deutschlandklischee lautete, dass die Deutschen wegen ihrer vermeintlich traditionellen Kultur zu Autoritätsglauben und Unterwerfung unter die Regierenden neigten. Mehr als ein halbes Jahrhundert nach dem Élysée-Vertrag, der auch deutsch-französischer Freundschaftsvertrag genannt wird, und nach unzähligen Begegnungen und gemeinsamen Projekten auf allen Ebenen des Austausches zwischen den zwei Ländern gibt es die Hoffnung, dass solche (und andere) wechselseitige Stereotypen ausgedient haben, zeigten und zeigen doch die deutsch-französischen Beziehungen, dass das jeweilige Nachbarland anders ist, als es die nationalen Vereinfacher gerne darstellen wollten und wollen.

Leider ist diese Hoffnung jedoch immer wieder bedroht; denn aus der Perspektive des Jahres 2019 ist unübersehbar, dass der von Charles de Gaulle und Konrad Adenauer inspirierte und bis in die Ära von Helmut Kohl und François Mitterrand anhaltende emotionale Elan der deutsch-französischen Beziehungen seit geraumer Zeit einer freundlichen Ignoranz gewichen ist: Was jeweils mit Frankreich oder Deutschland assoziiert wird, weckt kaum noch Neugier auf das jeweilige Nachbarland. Ob die Erneuerung des Elysée-Vertrages im sogenannten Vertrag von Aachen am 22. Januar 2019 eine inspirierende Wirkung für die Wiederbelebung der deutsch-französischen Beziehungen haben wird, kann sich erst in den kommenden Jahren erweisen. Was bereits erwiesen ist, ist die historische Hypothek, mit der der Vertrag von Aachen noch vor seiner Unterzeichnung belastet wurde: In immer häufiger zu beobachtender Einmütigkeit, die wohl auch ihrem Buhlen um Sympathien in der Bewegung der sogenannten Gelbwesten geschuldet ist, denunzierten sowohl Marine Le Pen als auch Jean-Luc Mélenchon den vermeintlichen Ausverkauf Frankreichs an Deutschland, und vor allem die angebliche Preisgabe von Elsass und Lothringen an den östlichen Nachbarn durch den Vertrag von Aachen. So wurde die darin vereinbarte enge Zusammenarbeit der grenznahen Gebietskörperschaften diesseits und jenseits des Rheins als deutscher Versuch bewertet, die Oberhand über das Elsass zurückzugewinnen und Deutsch als verbindliche Sprache im Elsass durchzusetzen. Präsident Macron verrate Frankreichs Souveränität und der große Nutznießer sei Deutschland, lautete die Quintessenz des nationalistischen Protests in Frankreich, der in vielem den Obsessionen gleicht, die Charles Maurras, der Deutschenhasser[1] und Kollaborateur – eine bemerkenswerte Verbindung übrigens, auf die zurückzukommen sein wird – zu seiner Verteidigung im Januar 1945 vor dem Gericht in Lyon vorbrachte und wenig später unter dem Titel *L'Allemagne et nous* veröffentlichte.

In Deutschland dagegen behaupteten Politiker der AfD unter dem Motto »Deutschland zahlt, Frankreich schafft an«, dass der Vertrag von Aachen für Präsident Macron ein Mittel sei, Deutschland zu Finanzhilfen für den französischen Staatshaushalt zu zwingen.

Die Normalisierung des jahrhundertelang von Konkurrenz und Ressentiment geprägten Verhältnisses zwischen Deutschland und Frankreich seit 1963 hat offenbar ein gefährliches Vakuum geschaffen, in das – verbrämt als Protest im Namen der unteilbaren Republik oder der nationalen Souveränität – uralte Klischees und Ressentiments eindringen und in dem überwunden geglaubte Stereotypen wiederbelebt werden können, welche am Vorabend des Ersten Weltkriegs, und insbesondere in der Zwischenkriegszeit, die Selbst- und Fremdwahrnehmung von Deutschen und Franzosen mit den bekannten Folgen geprägt hatten. Grund für die Entstehung eines solchen Vakuums war wohl, dass bei aller Freude, ja Euphorie über die Aussöhnung nach drei deutsch-französischen Kriegen die jeweilige Selbst- und Fremdwahrnehmung nicht wirklich reflektiert wurde. Dieses Thema, das um des Friedens willen ausgeblendet, ja verdrängt und schließlich gar nicht mehr als virulent wahrgenommen wurde, kehrt offenbar in dem Moment zurück, in dem beiderseits des Rheins und bei wachsender Europaskepsis der Nationalstaat als Vektor einer Identität wiederentdeckt wird, die sich ausschließlich durch Abgrenzung definiert. Die deutsche Rede vom anachronistischen Frankreich, bei gleichzeitiger Bewunderung für französisches Savoir-vivre[2], und die französische Abscheu vor deutscher Autoritätshörigkeit, bei gleichzeitiger unverhohlener Bewunderung für deutsche Disziplin und Effizienz, war nicht nur der Grundton, der in den 1930er-Jahren Bücher und Reden von Friedrich Sieburg oder Bertrand de Jouvenel prägte. Frankreich als wirtschaftlich unzuverlässig zu bezeichnen und dies mit einer angenommenen Mentalität der Franzosen zu begründen, ist heute für viele Deutsche wieder eine Selbstverständlichkeit: Das 1999 erstmals in einem renommierten Verlag erschienene und kürzlich neu aufgelegte Buch *Europa ohne Frankreich? Deutsche Anmerkungen zur französischen Frage*[3] des Ökonomen Markus C. Kerber entwirft auf über 200 Seiten ein Frankreich-Bild, mit dem die längst obsolet geglaubten Stereotypen wiederbelebt und bedient werden. Allerdings belässt er es nicht bei »Frankreich als Lebensgefühl«[4]: In Kerbers Frankreich-Bashing – das übrigens nichts mit dem kürzlich von Georg Blume konstatierten »Frankreich-Blues«[5] zu tun hat – mischt sich Häme (Émile Zola habe sich für den Hauptmann Dreyfus engagiert, um die Affäre »zu einem riesigen Geschäft für seinen Verleger Clemenceau zu machen«[6]) mit irritierender Aggressivität[7]. Kerber ist heute als Publizist auf einschlägigen Internetseiten tätig, deren Kritik an deutsch-französischer[8] und europäischer Politik unverhohlen den Schulterschluss mit Kreisen sucht, in denen immer lauter ein »Systemwechsel« gefordert wird.

Auf französischer Seite zeigt sich in jüngster Zeit ebenfalls – und auch aus der Feder eines intellektuellen Influencers – eine Wiederbelebung der französischen Deutschland-Bilder aus den Zwanziger- und Dreißigerjahren. In seiner 2017 in Frankreich und ein Jahr später in deutscher Übersetzung erschienenen Geschichte der Menschheit[9] unterscheidet der renommierte, ja populäre Soziologe Emmanuel Todd zwischen zwei Familientypen, die sich seit der

Jungsteinzeit in Europa ausgebildet hätten: der egalitären Kernfamilie und der autoritär-inegalitären Stammfamilie – überflüssig zu sagen, dass Todd die Deutschen der letzteren Spezies zuordnet. Am Ende seiner Betrachtungen (in denen auffällig oft die Wendung »Ich glaube« auftaucht) steht der Befund vom »traditionellen anthropologischen Element der deutschen Kultur«[10] und das Fazit: »Jetzt können wir besser die außergewöhnliche Disziplin und das Vertrauen der west[!]deutschen Bevölkerung in ihre Eliten ermessen.«[11]

Nun könnte man diese abstruse Hypothese eines anthropologisch determinierten und seit der Jungsteinzeit nachweisbaren deutsch-französischen Gegensatzes schulterzuckend abtun, wenn sich in ihm nicht Denkmuster wiederholten, die bereits in der extremen französischen Rechten der Zwanziger- und Dreißigerjahre zu beobachten waren: Ob Louis-Ferdinand Céline, Lucien Rebatet oder Pierre Drieu la Rochelle, Pierre Laval oder Jean Luchaire – sie alle sahen mit einer Gewissheit, die nur der anthropologische Determinismus vermitteln kann, in dem undemokratischen, autoritätsgläubigen und einem starken Führer unterworfenen Deutschland der Dreißigerjahre ein Volk, das schließlich zu sich selbst gefunden habe und sich darin von Frankreich unterscheide.

14

Friedrich Sieburg und Karl Epting, Louis-Ferdinand Céline und Pierre Laval, um nur diese eher prominenten nationalen Vereinfacher und geistigen Kollaborateure zu nennen – bei Kriegsende finden sie sich in Sigmaringen wieder und dürfen für einige Monate noch den Traum von einem Europa unter nationalsozialistischer Führung träumen, der für so viele zum Albtraum wurde. Mit dem Kriegsende und dem Untergang der Regime in Vichy und Berlin, deren Ideenlieferanten sie gewesen waren, schien auch die Idee eines quasinatürlichen, im Sinne Todds »anthroplogischen« Gegensatzes zwischen Frankreich und Deutschland diskreditiert. Es gehört zu den großen Rätseln der deutsch-französischen Beziehungen, dass die Erfahrung einer jahrhundertealten Konkurrenz, die zu drei deutsch-französischen Kriegen innerhalb von 70 Jahren führte, offenbar nicht ausreicht, um die Dämonen nationaler Selbst- und Fremdbilder zu bannen und den Verlockungen der Vereinfachung zu widerstehen. Womöglich liegt das daran, dass man sich dieser sträflichen Vereinfachung nicht bewusst war: Mit dem Ziel einer deutsch-französischen Freundschaft, welche die angebliche Erbfeindschaft ablösen sollte, ließ man diese eher simplen Auto- und Heterostereotypen offenbar gerne in Vergessenheit geraten, damit sie den neuen Beziehungen nicht im Weg stünden. Aus diesem Vergessen entstand indes ein blinder Fleck, der jede Krise in den deutsch-französischen Beziehungen anfällig macht für einen Rückfall in die trügerische Gewissheit, dass nationale Unterschiede anthropologisch zu erklären seien und in der Natur der Menschen begründet lägen. Dieses Buch möchte solche Gewissheiten erschüttern – aus der Überzeugung, dass ein blinder Fleck dann keiner mehr ist, wenn er als solcher erkannt wird.

Einleitung

Vier Jahre lang hatte man versucht, die Fassade eines souveränen Staates und seiner Rituale aufrechtzuerhalten, aber erst am Ende und fernab der repräsentativen Empfänge und Konferenzen im französischen Kurort Vichy zeigte das Regime des Marschalls Philippe Pétain sein wahres Gesicht. Da halfen dann auch nicht mehr der pompöse Rahmen des fast neunhundert Jahre alten Schlosses am Ufer der Donau und die herrschaftlichen Gebäude der Sigmaringer Hohenzollern-Dynastie[1]: Die eilends in der Kleinstadt mit etwa 5000 Bewohnern eingerichteten Ministerien und Botschaften des »Operettenstaates an der Donau«[2] waren eine etwas überdimensionierte Kulisse für die Diadochenkämpfe eines sterbenden Regimes, in dessen Gefolge mehrere Tausend Franzosen nach Süddeutschland flohen – aus Angst vor der Vergeltung ihrer französischen Nachbarn für allzu enge Kollaboration mit dem deutschen Besatzer. An der Spitze der französischen Delegation, welche im September 1944 der unfreundlichen Einladung Ribbentrops an die Donau folgen musste, stand der greise Marschall Pétain. Der deutsche Außenminister rechtfertigte den

Transfer der Vichy-Regierung nach Sigmaringen damit, dass der legitimen französischen Regierung eine repräsentative Residenz geboten werden müsse; in Wirklichkeit ging es ihm darum, die französischen Kollaborateure umfassend kontrollieren lassen zu können. Begleitet wurde er von seinem Ministerpräsidenten Pierre Laval, mit dem ihn eine herzliche Feindschaft verband. Mit ihnen nach Sigmaringen kamen Fernand de Brinon, Jean Luchaire, Joseph Darnand, Marcel Déat, Louis Ferdinand Destouches alias Louis-Ferdinand Céline, Lucien Rebatet und weitere – kurzum: alle die, denen gemeinsam war, nicht zu wissen, ob sie die Republik mehr hassten als die Juden, und denen das Vichy-Regime die Möglichkeit geboten hatte, beiderlei Hass zu pflegen.

Mit der Ankunft der französischen ›Gäste‹ in Sigmaringen schloss sich ein Kreis innerhalb der deutsch-französischen Beziehungen, der genau hier 74 Jahre zuvor begonnen hatte: Unweit des Schlosses, in dem Pétain nun residierte, stand (und steht) die Statue des Fürsten Leopold von Hohenzollern, der sich 1870 für die Nachfolge auf den vakanten spanischen Thron zur Verfügung stellte, was den heftigen Protest Napoléons III. hervorrief – und schließlich die Ereignisse auslöste, die unter dem Stichwort »Emser Depesche« bekannt sind: Bismarck redigierte die französische Protestnote dergestalt, dass der deutschen Öffentlichkeit die französische Position als – überdies auch noch arrogante – Einmischung in die Angelegenheiten der Hohenzollern erscheinen musste. Die öffentlichen Reaktionen in Deutschland, nämlich Einigkeit in der Ablehnung des französischen Protests, entsprachen ganz der Intention Bismarcks, der virtuos auf der Klaviatur des deutschen Frankreich-Bildes gespielt hatte. Unmittelbare Folge dieser von Bismarck heraufbeschworenen diplomatischen Krise war die Kriegserklärung Frankreichs an Preußen am 19. Juli 1870 und damit der Beginn des ersten von drei deutsch-französischen Kriegen innerhalb von 70 Jahren.

Ein Dreivierteljahrhundert später schauten nun also die französischen Kollaborateure aus der deutschen Provinz grimmig der Befreiung Frankreichs durch die amerikanischen Truppen und gaullistischen Verbände zu und hofften auf eine Wende in den letzten Kriegsmonaten, die ihnen die Rückkehr ermöglichen würde. Zurückgekehrt sind sie fast alle, überlebt haben diese Rückkehr indes nur einige – unter ihnen Philippe Pétain, der »Held von Verdun«, der begnadigt wurde.[3] Mit der französischen »Regierungskommission für die Verteidigung der nationalen Interessen« – so die offizielle Bezeichnung der Kollaborationsregierung in Sigmaringen – waren auch einige Deutsche nach Sigmaringen gekommen, die in den vorhergehenden vier Jahren die deutsch-französische Kollaboration geprägt hatten, nämlich Otto Abetz, Hitlers Botschafter in Paris während der Jahre der Besatzung, sowie Friedrich Sieburg, Gerhard Heller und Karl Epting – die »kultivierten Nazis«[4] (Lothar Baier), denen der Zweite Weltkrieg die Möglichkeit bot, ihre jugendliche Frankreichbegeisterung mit der Verwirklichung ihrer Karriereträume zu krönen – freilich in einem besetzten Land[5].

Als sich im Juli 1962 Charles de Gaulle und Konrad Adenauer in der Kathedrale von Reims trafen, um die Aussöhnung der ehemaligen Kriegsgegner zu zelebrieren, die mit der Unterzeichnung des Elysée-Vertrages im Januar 1963 einen formalen Rahmen bekommen sollte, war die Rede von Vichy tabu und der Aufenthalt der Kollaborateure in Sigmaringen nahezu unbekannt – wie auch heute noch, trotz einzelner immer wieder veröffentlichter Dokumentationen, in denen die Präsenz der Vichy-Regierung in Sigmaringen von September 1944 bis April 1945 als bizarre Episode dargestellt wird. Diese verschiedenen Dokumentationen der vergangenen Jahre[6] tragen weniger dazu bei, Klarheit zu verschaffen; vielmehr geben sie Aufschluss darüber, welche Bedeutung diese Episode in der Erinnerungskultur Frankreichs und Deutschlands hat, an was erinnert wurde und an was nicht. Insofern ist es sinnvoll, über Sigmaringen nach der Methode der Gedächtnisgeschichte[7] zu sprechen.

Und es wäre durchaus sinnvoll gewesen, bereits zum Zeitpunkt des Elysée-Vertrags von 1963 an diese deutsch-französische Vergangenheit zu erinnern – lebten doch, bis auf Otto Abetz[8], zu diesem Zeitpunkt die deutschen Akteure noch, die zwei Jahrzehnte zuvor eine ganz andere Vorstellung von deutsch-französischer Freundschaft hatten realisieren wollen und nun längst in das kulturelle Leben der jungen Bundesrepublik integriert waren. In einer Mischung aus Verschwiegenheit und Zynismus suchten sie die Deutungshoheit über die eigene Vergangenheit: »[S]o hilft es uns denn nichts, die Quäler und Henker der Justiz zu überlassen und sich erleichtert zu fühlen, daß man nicht dabei war«,[9] schrieb Friedrich Sieburg im November 1957. Aber er war dabei, wie so viele andere, die dies nach 1945 abstritten, und er war nicht erst in Sigmaringen dabei, sondern bereits in den frühen Dreißigerjahren, als die geistigen Grundlagen der deutsch-französischen Kollaboration gelegt wurden, die für Frankreich, für Deutschland und für zahllose deutsche und französische Juden ebenso fatale Folgen haben sollte wie für Menschen, die sich von ihrer Flucht nach Frankreich, in das Land der Menschenrechte, Rettung versprochen hatten und die von deutschen Soldaten und französischen Polizisten ihren Henkern ausgeliefert wurden.

Die Geschichte der deutsch-französischen Beziehungen ist seit dem Elysée-Vertrag von 1963 vom Narrativ einer Freundschaft zwischen beiden Völkern geprägt – einer Freundschaft, die sich in der Tat und trotz mancher Belanglosigkeiten und kleinerer Differenzen als segensreich für das Nachkriegseuropa erwiesen hat. Charles de Gaulle und Konrad Adenauer kannten sehr wohl die Symbolkraft des Ortes ihrer Zusammenkunft[10], war doch die Kathedrale von Reims zu Beginn des Ersten Weltkrieges in der Tat zu einem Menetekel des deutsch-französischen Verhältnisses geworden: Durch die Zerstörung von Kulturdenkmälern, ja gerade dieses für das nationale Gedächtnis Frankreichs so wichtigen Gebäudes, schien das Band zwischen Franzosen und Deutschen auf ewig zerrissen und der Gegensatz zwischen vermeintlicher deutscher Barbarei und angenommener französischer Zivilisation unüberwindbar. Und trotzdem konnte die Kathedrale von Reims, dieses Symbol der Zwietracht in der Zwischenkriegszeit, 1962 »in Überwindung des Geschehenen – bei gleichzeitiger Erinnerung daran – zu dem Ort der Versöhnung werden«.[11] Was indes gleichzeitig bewusst nicht erinnert wurde, waren die in Frankreich *années noires* genannten Jahre von 1940 bis 1944, die in Reims nahezu keine, dafür andernorts umso deutlichere Spuren hinterlassen hatten. Die deutsch-französische Kollaboration der 1940er-Jahre wurde aus dem versöhnenden Gedächtnis der frühen 1960er-Jahre ausgegrenzt, um diese Versöhnung nicht zu gefährden. So nobel dieses Motiv ist, so hoch war der Preis. Denn die schillernde Ideologie, welche die Kollaborateure beider Länder bewegt hatte, war mit dem Kriegsende nur verschwunden, keinesfalls jedoch überwunden.

Mehr als sieben Jahrzehnte nach dem Ende des Zweiten Weltkriegs – während des »Le Pen ante portas« im Präsidentschaftswahlkampf 2017, im Rahmen der europafeindlichen Annäherung nationalistischer und fremdenfeindlicher Parteien und Gruppierungen beider Länder, aber auch in Publikationen seriöser Verlage dies- und jenseits des Rheins – tauchen Themen und Töne auf, die an diese anderen deutsch-französischen Beziehungen erinnern, welche mit den Namen Vichy und Sigmaringen verbunden sind. So bekommt eine Erkenntnis Marc Blochs besondere Bedeutung, der als Historiker im Sommer 1940 Frankreichs seltsame Niederlage analysierte und vier Jahre später von den deutschen Besatzern ermordet wurde: »Das Nichtverstehen der Gegenwart geht fatalerweise aus der Unkenntnis der Vergangenheit hervor. Aber womöglich ist es genauso vergeblich, sich am Verständnis der Vergangenheit abzuarbeiten, wenn man nichts von der Gegenwart versteht.«[12]

Idealisierung, Dämonisierung und Ressentiment – zur Vorgeschichte der Kollaboration

Was stand hinter dem ambivalenten Bild, das sich während des langen 19. Jahrhunderts französische Intellektuelle von Deutschland machten? Galt es nicht nachgerade als Zeugnis tiefer Kennerschaft des deutschen Nachbarn, das vermeintlich gute Deutschland Goethes und der Weimarer Klassik gegen das Zweite Deutsche Kaiserreich Bismarcks und der Pickelhauben auszuspielen?[1] Und war es nicht im deutschen Bildungsbürgertum, ja in weiten Kreisen der wilhelminischen Gesellschaft, üblich, Frankreich für seine höfischen Traditionen zu bewundern und das Savoirvivre der Franzosen zu preisen – und gleichzeitig Frivolität und Libertinage der Nachbarn im Namen deutscher Tugenden zu geißeln? Dass dieses gespaltene Gefühl gegenüber dem Nachbarland in dem Maß zunahm, in dem man sich mit ihm beschäftigte, lag wohl daran, dass das Heterostereotyp des Nachbarn sich parallel zum jeweiligen Autostereotyp entwickelte.[2] Und so war es doch wohl beiderseits eine Art Hassliebe; noch heute macht ein Bonmot die Runde, dass es Franzosen vor allem daran gelegen sei, von den Deutschen respektiert zu werden, während Deutsche sich oftmals wünschen, von den Franzosen geliebt zu werden.[3] Früh schon wurde dieses Resultat eines klassischen *dialogue de sourds*, eines Gesprächs zwischen Schwerhörigen, in dem Wort »Erbfeindschaft« eingekapselt, mit dem man die DNA der deutsch-französischen Beziehungen auf den Begriff zu bringen glaubte. Seit den Kriegen, die auf der deutschen Seite das Epitheton »Befreiung« bekamen und auf der französischen Seite – nicht ohne Verehrung – den Namen ihres Initiators Napoleon tragen, bis hin zu den drei deutsch-französischen Kriegen zwischen 1870 und 1940 wuchs beständig dieses Symbol einer »Ethnisierung des historisch-politischen Bewußtseins«[4]. Der Historiker Heinrich von Treitschke erteilte ihm im Siegestaumel von 1871 einen quasireligiösen Segen: »Der Krieg von heute gleicht dem Befreiungskriege wie die Erfüllung der Verheißung«, denn Deutschland sei »nicht mehr das schmählich mißhandelte Volk, das endlich seine Fesseln brach«, sondern »die stärkste Nation des Welttheils«[5] – wobei es auch leisere Töne gab, welche die Entfremdung zwischen den beiden Nachbarländern beklagten. Für sie steht beispielhaft der Briefwechsel zwischen David Friedrich Strauß und Ernest Renan[6], aber auch Friedrich Nietzsches Warnung vor einer Selbstüberschätzung des neuen und zweiten Kaiserreichs.[7] Siegestrunkenheit führt indes selten zu Selbstreflexion: Es ist der gleiche

Heinrich von Treitschke, der acht Jahre nach seinem Lobpreis der Demütigung Frankreichs in Versailles trotzig feststellt, es ertöne in Deutschland »wie aus einem Munde: die Juden sind unser Unglück!« – und nur scheinbar entschuldigend hinzufügt: »Aber wir sind nun einmal das leidenschaftlichste aller Völker, obgleich wir uns selbst so oft Phlegmatiker schalten; anders als unter krampfhaften Zuckungen haben sich neue Ideen bei uns noch nie durchgesetzt.«[8]

Triumph über den ungeliebten, weil lange als überlegen empfundenen Nachbarn, Selbststilisierung als dynamisches (»leidenschaftliches«) Volk und schließlich Ausgrenzung all dessen, was sich diesem Selbstverständnis entzieht und was mit dem Begriff Judentum assoziiert wird – das sind genau die Ingredienzen, aus denen sich im Zeichen des Ersten Weltkriegs in Deutschland ein Nationalbewusstsein formiert, dem die französische Zivilisation als Gegenbild zu deutscher Kultur und deutscher – militärischer – Überlegenheit dient. Stichwortgeber dieses trotzigen Nationalismus wird in den Jahren, als der Triumph von 1871 der Niederlage von 1918 gewichen war, der Autor der *Betrachtungen eines Unpolitischen*: Während des Ersten Weltkriegs bringt nicht nur[9] Thomas Mann den deutschen Geist gegen die französische Zivilisation in Stellung und verachtet die angebliche Oberflächlichkeit von Republik und Demokratie, welcher die Tiefe der deutschen Kultur verschlossen bleiben müsse. Der Gegensatz zwischen Kultur und Zivilisation entsprach letztlich einem Franzosen wie Deutschen gemeinsamen Feindbild – allerdings mit jeweils umgekehrten Vorzeichen. Die von Thomas Mann geschmähte Zivilisation garantierte für viele Franzosen ein Gesellschaftsmodell im Sinne der revolutionären Trias von Freiheit, Gleichheit und Brüderlichkeit, während »Kultur« (in französischen Karikaturen oftmals »Kulturr« geschrieben, um das martialische deutsche Pathos zu karikieren) mit deutschem Überlegenheitsstreben, ja – vor allem nach der Beschießung der Kathedrale von Reims – mit Barbarei und Vandalismus assoziiert wurde.

Trotz seiner radikalen und wertenden Gegenüberstellung von deutscher Kultur und französischer Zivilisation enthielt sich Thomas Mann – und dies ist angesichts der weiteren Entwicklung der deutsch-französischen Polemik wichtig zu erwähnen – jeglicher Ethnisierung; und auch Ernst Robert Curtius erkennt, trotz mancher nicht nur aus heutiger Sicht fragwürdiger Kategorisierung[10], dass der Ende der Zwanzigerjahre immer mehr in den politischen Diskurs eindringende Begriff »Rasse« für den »humanitären, rationalistischen Zivilisationsbegriff ein Ärgernis« sei: »[D]as Aufklärungsideal der Vernunft und Menschheit verträgt die Vorstellung von einer

Verschiedenwertigkeit der Rassen nicht.«[11] Dieses letztlich eindeutige Bekenntnis zum »Westen«[12] und gegen den rassistischen Sonderweg, den die deutsche Politik im Begriff war einzuschlagen, trug ihm ein fragwürdiges, aber letztlich für den französischen Blick auf Deutschland typisches Lob seines Briefpartners André Gide ein: Curtius wisse selber noch gar nicht, dass er eigentlich Franzose sei.[13] Hier zeigt sich wieder die französische Tradition, zwischen dem guten und dem schlechten Deutschland zu unterscheiden – jetzt allerdings in dem Sinne, dass das gute eigentlich französisch sei und das schlechte umso schlechter, je mehr es sich von Frankreich unterscheide. Ebenso hatte bereits Adolphe Thiers den rheinischen Liberalismus begrüßt, sei dieser doch ein Zeichen der Besinnung Preußens darauf, dass Frankreich endlich als Vorbild anerkannt werde[14]; und so hatte Romain Rolland am Vorabend des Ersten Weltkriegs kurzerhand den von ihm verehrten Beethoven zum Franzosen erklärt.[15]

Bleibt der von Thomas Mann propagierte Gegensatz von Kultur und Zivilisation, von Geist und Esprit in seinen *Betrachtungen eines Unpolitischen* eher ein theoretisches Konstrukt, so sucht der Romanist Curtius in seiner ›vergleichenden Nationalpsychologie‹ eine historische Begründung dieses Gegensatzes. Während für Deutschland gelte, dass »die Grenzen der deutschen Kulturgemeinschaft [...] niemals mit denen des Nationalstaats zusammengefallen«[16] sind, sei in Frankreich eine völlige Übereinstimmung von Nationalidee und Kulturidee festzustellen. Offenbar war sich Ernst Robert Curtius nicht darüber im Klaren, dass solche Entwürfe von Nationalcharakteren immer Gefahr laufen, holzschnittartige Auto- wie Heterostereotype zu pflegen. In strengem Ernst suchte er »Wesenszüge der französischen Kultur«[17] zu formulieren, aber als Félix Bertaux in der *Revue européenne* den deutschen Nationalcharakter am Beispiel einer deutschen Touristengruppe auf dem Gardasee karikierte, reagierte der deutsche Gelehrte gereizt:

> Fremde Nationalitäten verstehen, das fordert Sympathie und Weite des Herzens. Es fordert – erschrecken Sie nicht – Hingabe und Lernbereitschaft. Aber was bieten Sie uns? Witzblattkarikaturen; Reaktionen eines beleidigten Magens; und als Schlußtrumpf die gönnerhafte Gebärde eines Kulturdünkels, die durch ihre augenscheinliche Naivität nicht entschuldigt wird.[18]

In der Erregung und eher unfreiwillig den hohen Ton der Wesenszuganalyse verlassend bedient der distinguierte Romanist die schlichtesten antifranzösischen Klischees vom nicht ganz ernst zu nehmenden Genießerfranzosen, der sich auch noch anmaßt, kultivierter als seine Nachbarn zu sein.

Folgenreicher allerdings ist Curtius' Unterscheidung zwischen dem rückständigen Frankreich, das eine »Alters- oder Spätkultur«[19] sei, und dem dynamischen Deutschland. An diesem Stereotyp wird besonders deutlich, wie naiv Curtius' Bekenntnis ist, seine Frankreichstudien seien letztlich unpolitisch[20]; denn wie politisch wirkmächtig solche nicht nur von Curtius formulierten Wesensbestimmungen waren, sollte sich ab 1933 zeigen, als das Bild eines alternden und statischen Frankreich im Zentrum der deutschen Frankreichpolitik stand: Es war der sieben Jahre jüngere Friedrich Sieburg, der sein epochemachendes Buch *Gott in Frankreich?* auf dieses Bild stützte und es später, als er dem Kreis um Otto Abetz angehörte, nutzte, um den deutschen Führungsanspruch ab 1933 ideologisch zu untermauern.

So problematisch die Klassifizierung der beiden Nachbarländer nach den Kriterien statisch und dynamisch auch war, so sehr schien Curtius den Nerv der Zeit getroffen zu haben: Fast gleichzeitig mit Friedrich Sieburgs *Gott in Frankreich?* erscheint Pierre Viénots Buch *Incertitudes allemandes*; und so unterschiedlich beide Bücher sind – die übrigens umgehend in die Sprache des Nachbarlandes übersetzt werden –, so verschieden sich ihre Autoren auch entwickeln, so sehr bestätigen sie einander doch. Dem von Sieburg gezeichneten in sich ruhenden, an seiner Behäbigkeit zu ersticken drohenden Frankreich stellte Pierre Viénot eine Sicht auf Deutschland gegenüber, die in dem östlichen Nachbarn Frankreichs ein durch den Weltkrieg und die Niederlage erschüttertes, aber auch aufgewühltes Land entdeckt, das zwischen Dynamik und Zukunftsangst schwanke und sich aus dem Chaos quasi neu erfinde:

> Der deutsche Dynamismus stürzt voran auf allen Wegen, die zur Zukunft zu führen scheinen: moralische Überzeugungen oder materielle Eroberungen, Kommunismus oder industrielle Expansion – blindlings folgt er ihnen allen [...] Es ist eine Flucht nach vorn, mit einem aus Angst geborenen, heftigen, unsicheren, durch Mißerfolge gebrochenen, durch plötzliches Vorwärtsschnellen überreizten Willensimpuls. [21]

Offenbar war also die nach den Jahrzehnten des Kaiserreichs konvulsivisch zum Durchbruch kommende Modernität im Berlin der Zwanzigerjahre nicht nur »ein wackeliges Surrogat für den verlorenen Krieg« [22], sondern Ausdruck eines seit Langem gärenden Wandels, der auch, ja gerade von außen wahrgenommen wurde.

Friedrich Sieburg und Pierre Viénot lernten sich persönlich im Rahmen des Deutsch-Französischen Studienkomitees kennen, das ein Resultat des »geistigen Locarno« [23] war. Geradezu wie eine Antwort auf die Begegnung mit Viénot wirkt Sieburgs Anfang der Dreißigerjahre erschienenes Buch *Es werde Deutschland*, in dem er das Bild eines jungen, dynamischen Landes im Aufbruch zeichnet. Wenn er vom »Glauben an mein Volk« und von der »vergehenden liberalen Welt«[24] spricht, begibt er sich am Vorabend der nationalsozialistischen ›Machtergreifung‹ in gefährliche Nähe zu deren Propagandasprache; gleichzeitig aber grenzt sich Friedrich Sieburg, der genau zehn Jahre später in Paris ein flammendes Bekenntnis zum Nationalsozialismus ablegen wird, von dessen Rassismus ab und betont – ganz im Sinne Curtius' –, »daß die Rasse nichts mit der Nation zu tun hat und mit ihr in keinen Zusammenhang zu bringen ist«.[25] Auch in seinen zweiten Pariser Jahren – als er sich nicht mehr als Korrespondent der liberalen *Frankfurter Zeitung*, sondern »[i]n Ottos Gefolge«[26] in Paris aufhielt – ist von Sieburg, der zweifellos von der aktiven Rolle wusste, welche die deutsche Botschaft bei der Verfolgung der Juden im besetzen Paris spielte, keine explizit antisemitische Stellungnahme bekannt.[27] Sein Part war eher die Verhöhnung des liberalen Bürgertums (aus dem er selbst stammte) als absterbende Klasse, die er en bloc mit der französischen Zivilisation identifizierte und womit er den Ton aufgriff, den er bereits Ende der Zwanzigerjahre in seinem Frankreich-Buch angeschlagen hatte.[28] War es Neid auf die »Genügsamkeit und Selbstzufriedenheit«[29] eines französischen Bürgertums, das sich einer jahrhundertealten Tradition gewiss sein konnte – im Gegensatz zu den deutschen Unsicherheiten, die gerade im deutschen Bürgertum während der Jahre der Weimarer Republik verbreitet waren?

Friedrich Sieburgs Stimme hatte umso mehr Gewicht, da er als ausgesprochener Kenner Frankreichs galt: Aus seiner Feder hatte eine Polemik wie die, dass Frankreich eine »Tyrannei der eigenen Auffassung von Zivilisation«[30] betreibe, fatale Folgen für das geistige Locarno, dessen Ende Sieburg ja bereits verkündet, um nicht zu sagen: herbeigesehnt hatte. Es sind die Kenner des Nachbarlandes, die oftmals eben nicht zu »kulturellen Wegbereitern politischer Konfliktlösung«[31] wurden, sondern diese Konflikte bisweilen nolens, oftmals jedoch volens verschärften. Während Friedrich Sieburg eine – aus Opportunismus oder aus Hassliebe erklärbare – entsprechende Absicht unterstellt werden darf, gilt für den französischen Germanisten Edmond Vermeil, dass er stets die Verständigung mit dem Nachbarland gewollt, ihr aber letztlich Hürden gebaut hat. Seine Rede vom »deutschen Rätsel«[32] und vom »monströsen Reich« steht letztlich – und ex negativo – noch im Zeichen von Germaine de Staëls Idealisierung des Nachbarn: Ausgelöst durch den deutschen Protest, ja Widerstand gegen den Vertrag von Versailles machte die Idealisierung Deutschlands nicht einer realistischen Sicht des Nachbarn Platz, sondern verkehrte sich in ihr Gegenteil, nämlich die Dämonisierung. Die 1931 geäußerte Bewertung der deutschen Romantik als Keim des Nationalsozialismus und Teil einer »Genealogie des Bösen«, die er 1940 – im Zeichen der französischen Niederlage – bekräftigte[33], zeigt ein eher deterministisches Bild von Deutschland, demzufolge die deutsche Geschichte des 19. Jahrhunderts geradezu teleologisch auf den Nationalsozialismus hinauslaufen musste. Wie sehr diese Sicht auf die deutsche Geschichte die Zeitläufte des 20. Jahrhunderts überdauert, zeigen nicht zuletzt die Querelen um die 2013 anlässlich des 50. Jahrestag des Elysée-Vertrages im Pariser Louvre gezeigte Ausstellung *De l'Allemagne*, bei der sich deutsche und französische Kuratoren keinesfalls auf ein gemeinsames Verständnis deutscher Kunstgeschichte einigen konnten.[34]

In seinem Ende der 1930er-Jahre erschienenen Buch *Über den Prozeß der Zivilisation* beschrieb Norbert Elias aus analytischer Distanz den »Entwicklungsgang des Gegensatzpaares ›Zivilisation‹ und ›Kultur‹«, das auf deutscher Seite immer auch als Ausdruck des Gegensatzes zwischen Frankreich und Deutschland aufgefasst wurde; bereits mit Blick auf das frühe 19. Jahrhundert stellte Elias fest: »Aus einer vorwiegend sozialen wird eine vorwiegend nationale Antithese«[35]. Es ist insofern umso weniger erstaunlich, dass das von Heinrich Mann 1927 geforderte, ja geradezu pathetisch ausgerufene »geistige Locarno« scheitern musste: trotz der Dekaden von Pontigny, trotz des Deutsch-Französischen Studienkomitees, trotz des Sohlbergkreises und der Deutsch-französischen Monatshefte – um nur einige der intellektuellen und gesellschaftlichen Wiederannäherungen zwischen Frankreich und Deutschland nach dem Ersten Weltkrieg zu nennen. Schaut man sich einige der Akteure dieser bilateralen Zusammenarbeit und Versöhnung an, scheint es fast so, dass ein »Locarno intellectuel« nachgerade wegen dieser Wiederannäherung weichen musste: Zwischen Otto Abetz und Jean Luchaire, die wir auch im Winter 1944/1945 in Sigmaringen wieder treffen werden und die in den Dreißigerjahren zu den wichtigsten Protagonisten der deutsch-französischen Wiederannäherung und Versöhnung wurden, kam es an Ostern 1930 zu einer folgenreichen Begegnung, über die Otto Abetz' Biograf Roland Ray schreibt:

> Luchaire, Crouzet, de Jouvenel und andere blieben auf Jahre hinaus, über die einschneidende Zäsur der nationalsozialistischen ›Machtergreifung‹ hinweg, zum Teil selbst während der deutschen Besatzung willige Informanten und hilfreiche, mani-

pulierbare Mittelsmänner, die Türen öffneten und das Meinungsklima im prodeutschen Sinn beeinflussten. [36]

Der Begriff »deutsch-französische Versöhnung« und die Überwindung der zwischen Deutschen und Franzosen bestehenden Hassliebe sollte in ihrem Verständnis eine unerwartete Wendung nehmen: Denn vereint waren die intellektuellen Kollaborateure der ersten Stunde in der Liebe zum autoritären Staat und im Hass auf Demokratie und Republik. Otto Abetz scheint geradezu erleichtert darüber zu sein, endlich Klartext – für ihn heißt das im Sinne von Alfred Rosenbergs *Der Mythus des 20. Jahrhunderts* – sprechen zu können, als er 1935 in den Deutsch-französischen Monatsheften seine Vorstellung von deutsch-französischer Wiederannäherung propagiert: »Dort, wo der Okzident sich als groß erwies, konnte er dies dank des harmonischen Gleichgewichts zwischen germanischer Kraft und dem römisch geprägten Willen zur Form.« [37]

Wer gab hier wem das Stichwort? Jedenfalls sprach im Februar 1935 Hitler in einem Interview mit Bertrand de Jouvenel vom »deutschen und lateinischen Genie« [38], die miteinander im Wettbewerb ständen. Dass die Rede von der *force germanique* den Antisemitismus und die Judenverfolgung implizierte, war in Deutschland längst deutlich – in Frankreich sollte sich dies fünf Jahre später zeigen, als Abetz zum deutschen Botschafter in Paris avanciert war. Die Zustimmung unter französischen Intellektuellen wie Bertrand de Jouvenel konnte ihm sicher sein, als er sich im Dezember 1936 von einer französisch-deutschen Kollaboration nichts weniger als »eine neue Herrschaft Frankreichs und Europas«[39] versprach und dabei offen die faschistische Partei *Parti populaire français* (PPF) Jacques Doriots unterstützte. Klaus Kellmann erinnert daran, dass die Kollaboration von Beginn an ein deutsches Täuschungsmanöver war, während de Jouvenel und Doriot bis zum Kriegsende träumen durften, eine neue Europapolitik mitzugestalten: »Hitler hatte Abetz bereits im August 1940 angewiesen, mit der Staatskollaboration in Vichy gute Kontakte zu pflegen, die Kollaborationisten in Paris aber ›wechselseitig auszuspielen‹ – ein Geschäft, das diese oft auch ganz ohne deutschen Einfluss erledigten.«[40]

Während Otto Abetz, Jean Luchaire und Bertrand de Jouvenel also zu Parteigängern des Nationalsozialismus wurden, hielt sich Friedrich Sieburg während der Dreißigerjahre zurück und lavierte noch zwischen der dem Nationalsozialismus gegenüber kritischen Haltung der *Frankfurter Zeitung*, deren Pariser Korrespondent er war, und seiner Sympathie für die Berliner Machthaber. Sein offenes Bekenntnis zum Nationalsozialismus sollte – in Paris! – erst 1941 erfolgen[41], dabei hatte er bereits 1933 den Ton angegeben, der ihn zum Sympathisanten einer autoritären und antidemokratischen Bewegung machte, deren Markenzeichen die Einschüchterung war: »Der unbekannte Gott, der in der deutschen Seele wirkt und sie zu ihren Maßlosigkeiten befähigt, ist im Olymp der Vernunft nicht anerkannt oder darf dort höchstens die Rolle eines Prinzips – des bösen natürlich – spielen. Wir erschrecken die Umwelt wie eine Naturgewalt, ja mehr als diese«, schrieb Sieburg 1933 unter dem bedeutungsschwangeren und quasireligiösen Titel *Es werde Deutschland.*[42] Der Bildungsbürger Friedrich Sieburg, der sich im Zeichen der ›Machtergreifung‹ in deren martialische Sprache flüchtet, ist mehr als jeder andere die Verkörperung einer Hassliebe zu Frankreich, deren dunkle Seite nicht nur die Ablehnung des Nachbarn ist, sondern vor allem das Ressentiment und ein diffuses Selbstbild: »Wir können an Frankreich verbluten oder wir können es zerstören, beides schlechte Lösungen, Verzweiflungstaten, zu denen wir von Natur aus neigen.«[43]

Waren diese Worte Sieburgs aus dem Jahr 1931 eine dunkle Vorahnung – oder war es Koketterie mit finsteren Schicksalsmächten? Vor allem war es wohl Ausdruck einer Haltung, die Friedrich Nietzsche in seiner *Genealogie der Moral* dem Menschen des Ressentiments zuschreibt:

[D]er Mensch des Ressentiment [ist] weder auf-richtig, noch naiv, noch mit sich selber ehrlich und geradezu. Seine Seele *schielt*; sein Geist liebt Schlupfwinkel, Schleichwege und Hintertüren, alles Versteckte mutet ihn an als *seine* Welt, *seine* Sicherheit, *sein* Labsal; er versteht sich auf das Schweigen, das Nicht-Vergessen, das Warten, das vorläufige Sich-verkleinern, Sich-demütigen.[44]

Der »Mensch des Ressentiment« ist der Prototyp des geistigen Kollaborateurs, der den rechten Augenblick abwartet, um aus der Deckung kommen zu können: Dieser Moment wird es ihm ermöglichen, den wort-reichen Schleier von raunenden Ahnungen und pseu-doreligiösen Weltanschauungen zu lüften und seiner bisher verborgenen Sympathie für autoritäres Gehabe und kraftvolle Rücksichtslosigkeit in der Politik freien Lauf lassen zu können. Dieser Augenblick war gekom-men, als Frankreich nach den lähmenden Monaten der (auf Deutsch oft »Sitzkrieg« genannten) *drôle de guerre* an der Rheingrenze und trotz der Bunker der Maginot-Linie innerhalb weniger Wochen eine selt-same Niederlage erlitt.

Eine seltsame Niederlage im Sommer 1940:
Die III. Französische Republik erliegt
ihrer inneren Zerrissenheit

»In fünf Jahren wird der Krieg zwischen Deutschland und Frankreich ausbrechen und Frankreich wird vernichtend geschlagen werden.«[1] Wer dies im März 1934 schrieb, ließ ein gewisses Gespür für die Spannungen der deutsch-französischen Beziehungen erkennen; der Satz erscheint an eher unauffälliger Stelle eines Buches mit dem Titel *Socialisme fasciste*, und sein Autor, Pierre Drieu la Rochelle, beobachtete nicht nur scharfsinnig die politischen Strömungen seiner Zeit, sondern er begleitete, ja prägte sie in polemischer Weise. Wer ist dieser Intellektuelle, der nach dem Ersten Weltkrieg, den er mehrfach verwundet überlebte, in den Kreisen der Surrealisten und Dadaisten verkehrt, der noch im Januar 1934 mit Louis Aragon und André Malraux für den Antifaschismus wirbt und der sich als ausgesprochen philosemitisch gab[2] – was ihn indes nicht hinderte, wenige Jahre später den krudesten Antisemitismus zu propagieren![3] Immer wieder taucht in *Socialisme fasciste* der Begriff »le système« – das System – auf, mit dem er den Parlamentarismus der III. Republik meint und dem er endgültiges Versagen bescheinigt. Seine Polemik gegen die

Republik ist das französische Pendant zu Friedrich Sieburgs Ironisierung des Frankreichs der Zwischenkriegszeit. Und ähnlich wie Sieburg, der sich nicht zu schade war, seine antirepublikanische Häme mit dem Begriff der Humanität zu adeln, verkehrte Drieu la Rochelle zu Beginn der Zwischenkriegszeit in linken Kreisen, bevor er sich mit sicherem Gespür »der neuen Zeit« anpasste.[4] Drieu la Rochelles *Socialisme fasciste* ist das Manifest seiner Hinwendung zum Faschismus, die er selbst indes ebenso wenig als Kehrtwende empfand, wie Jacques Doriot seine Entwicklung vom kommunistischen Pariser Vorort-Bürgermeister zum Chef der faschistischen Partei *Parti populaire français* als Widerspruch auffasste.

Was vielen französischen Intellektuellen, gerade im Austausch mit ihren deutschen Gesinnungsgenossen, den Faschismus als moderne und damit per se zu begrüßende Bewegung erscheinen ließ, war die Frage der Gewalt, ja das Faszinosum, das von ihr ausging und einen Umsturz der bestehenden Verhältnisse nachgerade als Selbstzweck erscheinen ließ.[5] Die nach 1945 und im Zeichen des Sieges der Sowjetunion über den Faschismus klar gezogene Trennlinie zwischen den beiden autoritären Versuchungen war in der Zwischenkriegszeit eher fließend[6], ihr verbindendes Element zeigte sich in der Ablehnung von parlamentarischer Republik und bürgerlichen Freiheiten – und nicht minder im Kult revolutionärer Gewalt: Die 1908 erschienenen *Réflexions sur la violence* des französischen Philosophen Georges Sorel, die zwanzig Jahre später in deutscher Übersetzung unter dem Titel *Über die Gewalt* veröffentlicht wurden, in denen die Grundlagen parlamentarischer Demokratie als »humanitäre Plattheiten« diffamiert werden[7], waren für Lenin wie für Mussolini eine wichtige Quelle – genauso wie für Georges Valois, der die royalistisch-katholische *Action française* verließ, um nach dem Vorbild Mussolinis am 11. November 1925 in Paris eine nationale sozialistische Partei mit dem Namen *Le Faisceau* zu gründen. Sorels *Réflexions* inspirierten Pierre Drieu la Rochelle, der den revolutionären Furor der französischen Faschisten in der jakobinischen Tradition verortete und in den Kommunisten seiner Zeit die künftigen Faschisten sah[8]; und ebenso beeinflussten sie Jacques Doriot, der als kommunistischer Renegat das Bindeglied zwischen revolutionärem Faschismus und aggressivem Antisemitismus[9] repräsentierte und deshalb Anfang 1945 für Hitler und Ribbentrop zum eigentlichen Repräsentanten Frankreichs in Sigmaringen avancierte. Für Valois, Drieu la Rochelle und Doriot bedeutete Faschismus wie für viele andere ihrer Generation Aufbruch, Revolution und Verachtung für das bürgerliche »System«[10], und dies prägte immer mehr die von Otto Abetz initiierten und inszenierten deutsch-französischen Jugendbegegnungen, bei denen sich, unter dem erklärten Ziel der Versöhnung nach Verdun, die künftigen Akteure der deutsch-französischen Kollaboration kennenlernten.[11]

Als Pierre Drieu la Rochelles Voraussage eingetroffen und die Zeit der *drôle de guerre* vorüber war, huldigte ihr mit Charles Maurras ein, ja *der* Vertreter der extrem konservativ-katholischen französischen Rechten in hymnischen Worten: Von einer göttlichen Fügung, ja Überraschung sprach Charles Maurras im Februar 1941[12] und bezog sich damit auf die Ereignisse des vorausgehenden Sommers, die er gemeinsam mit den Faschisten begrüßte, von denen ihn und seine *Action française* indes vieles trennte. Wer war das, der hier nicht einen in Demokratien üblichen Machtwechsel, sondern die Abschaffung von Demokratie und Republik und somit einen Regimewechsel enthusiastisch feierte und mit den Faschisten die Begeisterung teilte?

Mit dem 22. Juni 1940, als der Waffenstillstand zwischen Wehrmacht und französischer Armee unterzeichnet wurde, und in letzter Konsequenz am 10. Juli 1940, als sich Marschall Pétain von der französischen Nationalversammlung ermächtigen ließ, im nicht besetzten Frankreich als Führer des *État français* zu herrschen, waren alle Hindernisse einer nationalen Revolution beseitigt, welche die *Action française* immer wieder gefordert hatte. Ihr führender

Kopf Charles Maurras vertrat einen Nationalismus, zu dessen Ingredienzien die naturgegebene Ungleichheit unter den Menschen ebenso gehörte wie die Unvereinbarkeit von Demokratie und Menschenrechten mit der französischen Nation[13] – und dies im Namen eines so reaktionären Katholizismus, dass Papst Pius XI., dessen Kompromissbereitschaft mit dem Mussolini-Regime bekannt war und ist[14], sich genötigt sah, die *Action française* als unvereinbar mit dem katholischen Glauben zu bezeichnen.

Diejenigen Franzosen, die im Sommer 1940 den deutschen Sieg begrüßten und somit die Kollaboration ermöglichten, taten dies weniger – wie nach der Befreiung 1944 behauptet –, weil sie Frankreich vor einem ›polnischen Schicksal‹ retten wollten, sondern weil der deutsche Sieg die *Révolution nationale* ermöglichte. Deren Anhänger waren geradezu traumatisiert[15] von der folgenreichsten Krise, welche das politische Leben Frankreichs erschüttert hatte – der Dreyfus-Affäre –, und sie sahen in der nationalen Revolution Pétains, der die Trias von *Liberté*, *Égalité* und *Fraternité* durch jene von *Arbeit*, *Familie* und *Vaterland* (»Travail, Famille, Patrie«) zu ersetzen suchte, den Sieg des »nationalisme intégral«, mit dem Maurras das bezeichnete, was in Deutschland später »Volksgemeinschaft« hieß. Der »nationalisme intégral« ist ein aus deutscher Sicht eher ungewöhnliches Phänomen, verbindet er doch die Ablehnung der Ideen der französischen Revolution sowie universell geltender Menschenrechte mit einer ebenso fundamentalen Kritik der Romantik.

Man muss sich der weitgehend in Vergessenheit geratenen politischen Theorie eines Carl Schmitt erinnern, um dieses Konglomerat zu verstehen: Gegenrevolutionäre Autoren wie Louis de Bonald, Joseph de Maistre oder Hippolyte Taine »sahen in der Romantik die Konsequenz jener Auflösung, die mit der Reformation beginnt, im 18. Jahrhundert zur französischen Revolution führt und sich im 19. Jahrhundert in Romantik und Anarchie vollendet. So entsteht das ›Monstrum mit den drei Köpfen‹: Reformation, Revolution und Romantik.«[16] Schmitt bezieht sich auf Charles Maurras[17], der denen eine Art Stichwortgeber war (und übrigens bis zum heutigen Tage ist), die in der Politik nichts anderes als den Verrat am Volk wittern: Indem Maurras zwischen »pays réel« und »pays légal« unterschied[18], nahm er das vorweg, was heute als Populismus bezeichnet wird: Auf das vermeintlich echte, das reale Frankreich, das Volk der einfachen in der Provinz verwurzelten Menschen gelte es zu hören und nicht auf diejenigen, die es (so wird behauptet) nur von Amts wegen repräsentieren und sich auf Kosten des Volkes bereichern – und die somit lediglich *la France légale*, das amtierende Frankreich darstellen.[19]

Interessant ist dabei zu beobachten, dass der Monarchist Maurras keinesfalls prinzipiell der Republik gegenüber feindlich eingestellt ist: Das echte Frankreich habe so lange republikanisch sein können, wie sich Volk und Nation noch als Einheit verstehen konnten. Aber das sei lange her, klagt Maurras – und sobald Juden, Protestanten, Freimaurer und *métèques* (also Fremde wie die Metöken im antiken Athen, die nicht zur Polis gehörten) den Anspruch erheben, auch zur Nation zu gehören, sei diese Allianz unmöglich.[20] Der Scheidebrief zwischen dem Volk (*la France réelle*)[21] und der Nation war in Maurras' Augen die von ihm heftig bekämpfte Rehabilitierung des Hauptmanns Dreyfus. Wie wirkmächtig Maurras' Unterscheidung zwischen *la France réelle* und *la France légale* war, zeigte sich nicht zuletzt anlässlich der 1941 beginnenden Geiselerschießungen, die als Vergeltungsmaßnahmen für Attentate gegen deutsche Besatzungssoldaten stattfanden: Die Auswahl der Personen, welche den Deutschen seitens der kollaborierenden Präfekturen als zu erschießende Geiseln vorgeschlagen wurden, bemaß sich daran, dass es sich ja nicht um gute, sondern um vermeintlich schlechte Franzosen handele: Juden und Kommunisten nämlich, welche eben nicht der *France réelle* angehörten.[22]

Anders als in Deutschland konnte im späten 19. Jahrhundert der französische Nationalismus als republikanische Bewegung gedacht werden – darin unterschied er sich von den politischen Vorstellungen der Anhänger der »Konservativen Revolution« in Deutschland, die wie beispielsweise Arthur Moeller van den Bruck lange vor 1933 das »Dritte Reich« propagierten und damit einer quasireligiösen Einheit und endgültigen Überwindung aller politischen Gegensätze das Wort redeten. Wie exklusiv (im wahrsten Sinne des Wortes), ja nachgerade völkisch auch der französische Nationalismus indes war, das wurde durch die Folgen der Dreyfus-Affäre überdeutlich: Der des Landesverrats zu unrecht beschuldigte und später durch die Intervention Émile Zolas rehabilitierte Hauptmann Dreyfus war einer, der in den Augen Maurras' und der Anhänger der *Action française* nicht zu Frankreich passte – weil er Jude war. Mit seinem berühmten Artikel unter der Überschrift *J'accuse* begründete Émile Zola im Januar 1898 den Sieg der *dreyfusards*, die im Namen der Ideen von 1789 den jüdischen Hauptmann verteidigten und dies als die Aufgabe der Republik ansahen; seitdem wurde der Nationalismus der *Action française* offen antisemitisch und xenophob. Deutschlandfeindlich war er vorher schon [23], und das durch Papst Pius' X. Antimodernismus-Eid sanktionierte kirchliche Verbot, sich am politischen Leben einer Republik zu beteiligen, trug wesentlich dazu bei, dass konservativ-royalistische Kreise mit der antirepublikanischen *Action française* sympathisieren konnten und wollten. Als schließlich Papst Pius XI. am 20. Dezember 1926 die *Action française* als unvereinbar deklarierte, weil er ihr vorwarf, den »nationalisme intégral« über die Religion zu stellen, zeigte Maurras' ironische, und vor allem die konservativ-klerikalen Kreise bedienende Antwort (»Non possumus«), dass er sehr wohl auf der Klaviatur der katholischen Metaphorik zu spielen wusste.

Diese religiöse Dimension hatte Charles Maurras natürlich im Hinterkopf, als er 1941 mit Blick auf das Ende der III. Republik und Pétains autoritärer Diktatur von der »göttlichen Überraschung« sprach. Denn endlich konnte ein Gesellschaftsmodell zum Durchbruch kommen, das der Idee des autonomen Individuums einen Riegel vorschieben würde: »Gesellschaft ist ein Naturzustand und ihre Struktur muss unseren natürlichen Bedürfnissen angepasst sein.«[24] Gleiche Rechte gebe es nun einmal nicht: nicht in der Natur und deshalb auch nicht unter den Menschen. Vielmehr sei die Gesellschaft wie ein Organismus zu denken, der gesund sei, wenn er hierarchisch auf Befehl und Gehorsam aufgebaut ist; die Demokratie dagegen sei eine für Nation und Staat tödliche Krankheit.[25]

Die antidemokratische Idee des starken Mannes an der Spitze, der den Staat lenkt wie der Kopf den

Körper, manifestiert sich im Boulangismus, der neben dem Nationalismus und dem Antisemitismus der *anti-dreyfusards* die *Révolution nationale* Pétains prägte: Georges Ernest Boulanger war ein General der französischen Armee, der sich nach der Niederlage des Zweiten Kaiserreichs im Krieg von 1870/1871 nicht mit der Einführung der Republik abfinden konnte und ein autoritäres Führer-Regime errichten wollte, das sich auf die permanente Akklamation durch das Volk stützen sollte. Diese Mischung aus harter Faust und egalitärer Dauerlegitimation richtete sich vor allem gegen die Eliten der französischen Gesellschaft, denn Boulanger verstand sich als Anwalt der kleinen Leute, die sich von Geburts- und großbürgerlichem Geldadel verraten fühlten. Dass der General sich, statt zum entscheidenden Schlag gegen die junge Republik auszuholen, am Grab seiner Geliebten, von deren Zuwendungen er gelebt hatte und ohne die er nun nicht mehr leben konnte, eine Kugel in den Kopf schoss, tat seiner Popularität kaum Abbruch: Es blieb die Verehrung des starken Mannes, der Frankreichs Niedergang – eine bis heute immer wiederkehrende und immer populärere Klage – zu beenden und sich für die Schwachen und Armen einzusetzen versprochen hatte. Dabei ist kaum zu übersehen, dass heutige populistische Parteien genau diese Melodie des *déclinisme*[26] anstimmen, wenn sie die gewählten Parlamentarier als Schmarotzer (»Tous pourris!«) bezeichnen und an ihnen vorbeiregieren wollen.

Frankreich wurde im Sommer 1940 von den deutschen Truppen überrollt; aber von wem war das republikanische Frankreich eigentlich besiegt worden und was genau hatte zu dieser Niederlage geführt? Offenbar war dies so unbegreifbar, ja so unerhört, dass Charles de Gaulle gut vier Jahre später einfach behauptete, dass das, was sich seit Sommer 1940 in Frankreich zugetragen hatte, »nul et non avenu«[27] sei – null und nichtig, quasi gar nicht geschehen. Die Republik, so der spätere Präsident Frankreichs am 25. August 1944 bei der Befreiung von Paris, brauche gar nicht ausgerufen zu werden, habe sie doch niemals aufgehört zu existieren. Und das Kollaborationsregime von Vichy, dessen Repräsentanten sich zur gleichen Zeit in Richtung Sigmaringen absetzten? In de Gaulles Augen ein Fremdkörper, der mit der französischen Geschichte nichts zu tun habe!

Nicht nur spätere Zeugnisse und historische Studien sprechen eine ganz andere Sprache – sondern auch und vor allem ein unter dem unmittelbaren Eindruck der französischen Niederlage entstandenes Buch, das bis heute den Ton angibt, wenn es um die Deutung des unerwarteten Untergangs der französischen Armee und der Abdankung[28] der III. Republik geht: Seltsam sei die Niederlage gewesen, weil im Grunde genommen nicht der äußere Feind das Land überrannt, sondern die Republik sich selbst abgeschafft habe. Marc Blochs Studie über *Die seltsame Niederlage*[29] ist allerdings nur der Auftakt zu einer ganzen Reihe von Büchern, die noch vor der Befreiung Frankreichs und somit unter dem unmittelbaren Eindruck der Situation des Sommers 1940 erscheinen und trotz ganz unterschiedlicher Blickwinkel die gleiche Ursache benennen – nämlich den *déclinisme*. Allerdings bedauerten Marc Bloch und Manuel Chaves Nogales, ebenso wie der unter dem Pseudonym Pertinax schreibende André Géraud[30], die Selbstdemontage der Republik, genauso übrigens wie Jacques Maritain, der als ehemaliger Anhänger der *Action française* den Kreisen von Charles Maurras sehr nahe gestanden, sich dann aber abgewandt hatte, und der später heftige Kritik am Antisemitismus der Vichy-Regierung übte. Im Gegensatz dazu ist Bertrand de Jouvenels *Après la défaite*, das noch im gleichen Jahr seines Erscheinens, nämlich 1941, ins Deutsche übersetzt wurde, Ausdruck einer unverhohlenen Zustimmung zum Untergang der III. Republik, die mit der Volksfront-Regierung unter Léon Blum identifiziert und als »jüdische Republik«[31] bezeichnet wird sowie als Unterwerfung unter England und dessen »Plutokratie«.

So unterschiedlich die Motive waren, so ähnlich

sind indes die Analysen der französischen Gesellschaft und insbesondere des Bürgertums: Marc Bloch, der jüdische[32] Historiker, der ein Jahr vor Kriegsende von den Deutschen als Widerstandskämpfer hingerichtet wurde, und Bertrand de Jouvenel, Freund von Hitlers Botschafter in Paris Otto Abetz und seit 1936 Mitglied in Jacques Doriots faschistischer Partei *Parti populaire français* (PPF), sind beide der Überzeugung, dass die Niederlage des Sommers 1940 nicht nur militärische, sondern auch politische und gesellschaftliche Gründe hatte. Marc Blochs Vorwurf an das französische Bürgertum ist vernichtend, wenn er feststellt, dass die sich abzeichnende Kollaboration mit den Deutschen, zu der Pétain im Oktober 1940 in Montoire Hitler die Hand reichte, aus zwei unverzeihlichen Motiven geschehe: Die einen handelten aus Zustimmung zum nationalsozialistischen Gesellschaftsmodell, das es auf Frankreich zu übertragen gelte; andere wiederum, deren Ablehnung Deutschlands ebenso ausgeprägt war wie ihre Abscheu vor Republik und Demokratie und insbesondere vor der Volksfront der Dreißigerjahre, benutzten die militärische Niederlage, um mit diesen inneren Feinden Frankreichs abzurechnen, weil sie die eigentlichen Schuldigen an der Situation des Sommers 1940 seien.

Hier zeigt sich neben der Dreyfus-Affäre eine zweite die französische Gesellschaft traumatisierende

Erfahrung mit Langzeitwirkung: Die Konstellation, zwischen den verabscheuten Deutschen und den nicht minder verabscheuten Linken wählen zu müssen, hatte sich bereits im Frühjahr 1871 ergeben. Damals belagerten die Truppen Bismarcks das eingekesselte Paris, in dem eine revolutionäre Regierung – die *Commune* – das Ende des zweiten französischen Kaiserreichs nutzte, um ihre Vorstellungen eines »Staatsmodell[s] für die Zukunft«[33] Wirklichkeit werden zu lassen. Unter den zustimmenden Blicken der deutschen Belagerer und des französischen Großbürgertums wurde im Mai 1871 der Aufstand der *Commune* blutig niedergeschlagen. Seither entstand in der Linken ein mit Revolutionsnostalgie gepaarter Hass auf die sogenannten *Versaillais* und ihre Handlanger unter Führung von Adolphe Thiers, während sich auf der bürgerlich-konservativen Seite die Erinnerung festfraß, dass es nur mit – wenn auch lediglich passiver – Unterstützung der Deutschen gelungen sei, die kommunistische Gefahr zu bannen.[34] Im Begriff der Revolution – der von 1789 wie der von 1871, aber letztlich auch in der *Révolution nationale* derer, welche die deutsche Besatzung von 1940 bis 1944 zum Vorwand nahmen, um die Spaltung des Landes zu propagieren – spiegelte sich in der Tat »das größte Unglück der Franzosen«[35], von dem Georges Bernanos spricht, dessen politisches Denken in der *Action fran-*

çaise begonnen hatte und dem es im Gegensatz zu anderen französischen Intellektuellen gelungen war, sich von ihr zu distanzieren, ohne die Seiten radikal zu wechseln.

In den Augen des französischen Bürgertums, das die Volksfrontregierungen der Dreißigerjahre verabscheute und in ihnen den verlängerten Arm der Sowjetunion sah, wiederholte sich im Sommer 1940 die Konstellation des Frühjahrs 1871: Einmal mehr schien es opportun, die deutsche Bedrohung als Chance zu begreifen, die kommunistische Bedrohung abzuwehren. Gegen diesen Opportunismus der Kollaboration, deren Vertreter sich in Vichy sammeln, beschwört Marc Bloch in seiner Analyse der seltsamen Niederlage ein einiges Frankreich jenseits der Konflikte zwischen den seit der Pariser *Commune* und der Dreyfus-Affäre verfeindeten politischen Lagern[36]; gleichzeitig fordert er den Aufbruch[37] aus der Lähmung, die sich über das Land gelegt habe. Deshalb gilt Blochs Appell heute als ebenso authentische Stimme des wahren Frankreich, der »France éternelle«[38], die sich gegen die sklerotischen und korrupten Eliten der III. Republik erhoben habe, wie de Gaulles Appell vom 18. Juni 1940, der heute an nahezu allen französischen Rathausfassaden an den Widerstand des republikanischen Frankreich gegen den totalitären Besatzer erinnert.

In diesem Aufruf, »die Flamme des Widerstandes nicht erlöschen zu lassen«[39], zeigte sich de Gaulle in der Tat wesentlich vorausschauender als die meisten seiner Landsleute: Denn ihm war klar, dass der von Pétain angestrebte Waffenstillstand keinesfalls – wie ab 1945 immer wieder von Pétain und seinen Anhängern vorgebracht – lediglich der Rettung Frankreichs diente, sondern vielmehr der *Révolution nationale* und der Bildung eines *État français*, der mit der Republik endgültig brechen sollte. Diese Staatskollaboration, zu der die Aufhebung der Gewaltenteilung ebenso gehörte wie die Zerschlagung der Gewerkschaften, die totale Erfassung und Beeinflussung der Franzosen von Jugend an[40] und nicht zuletzt der Antisemitismus, wurde nur wenige Tage nach de Gaulles Appell offiziell verkündet – nämlich am 10. Juli 1940, als sich Pétain von der französischen Nationalversammlung (mit 569 Stimmen bei 80 Gegenstimmen) zum Staatschef mit absoluten Vollmachten ermächtigen lässt.[41]

Blochs Analyse und de Gaulles Appell – diese beiden Erinnerungsorte der jüngeren französische Geschichte[42] – symbolisieren indes in doppelter Weise ein Paradox der Erinnerungskultur: Als de Gaulle seinen Appell über die BBC veröffentlichte, wurde er nur von wenigen gehört – und von denen stimmten ihm keinesfalls alle zu; auch wenn es übertrieben scheint, von »vierzig Millionen Anhängern Pétains«[43] zu sprechen, so ist doch unstrittig, dass sich ein Großteil der Franzosen mit der Situation des Sommers 1940 arrangierte und der untergegangenen Republik keine Träne nachweinte. Erst als sich das Blatt wendete – Schlüsseldaten sind hier die deutsche Niederlage in Stalingrad und die Landung der Alliierten am 6. Juni 1944 in der Normandie –, wurde einer Mehrheit der Franzosen die Bedeutung der Beschwörung de Gaulles, dass die Flamme des französischen Widerstands nicht verlöschen dürfe, in ihrer Tragweite bewusst. Dieser Riss in der kollektiven Erinnerung wurde von den Gaullisten der Nachkriegszeit bewusst ignoriert, was den Mythos des 18. Juni beförderte – und nach dem Ende des Gaullismus zu einem regelrechten »syndrome de Vichy« führte.[44] Marc Blochs Analyse der seltsamen Niederlage des Sommers 1940 und seine Kritik der bürgerlichen Gesellschaft Frankreichs in der Spätphase der III. Republik mit ihrer Schwäche und ihrem Egoismus[45] ist auch ein Symptom für die weitverbreitete Skepsis gegenüber der parlamentarischen Demokratie: Es gibt in Blochs Buch über die *Seltsame Niederlage* nicht nur Parallelen zu Chaves Nogales zorniger Analyse der Agonie Frankreichs[46], sondern auch Ähnlichkeiten mit dem Lob de Jouvenels auf (das nationalsozialistische) Deutschland[47] – auch wenn Bloch nicht so weit wie de Jouvenel geht, Deutschland für das 1940 am Boden liegende Frankreich als Beispiel zu empfehlen[48]. Aber es ist auch bei Bloch eine »Flucht in die Moral«[49] erkennbar und eine Kritik an der vorgeblichen Dekadenz der III. Republik und ihrer Parteienherrschaft, der Bloch die Tugend entgegenhält, an der es gemangelt habe – den Eliten wohlgemerkt, den militärischen wie den ökonomischen, gegen die das Volk machtlos gewesen sei.

Mit seinen antibürgerlichen Invektiven[50] und seiner ostentativen Distanz zur Volksfrontregierung, ja zur Parteienrepublik, aus denen eine Nostalgie der *Union sacrée* von 1916 herauszuhören ist[51], steht Bloch in einer seltsamen Nähe zu denen, die aus der Niederlage die Schlussfolgerung ziehen, dass jetzt die Stunde gekommen sei, der Demokratie und damit der Republik den Garaus zu machen und an ihrer Stelle den autoritären Staat zu errichten, wie er 1940 nicht nur in Deutschland und Italien bestand, sondern auch – bei allen Unterschieden – in der Sowjetunion, in Spanien und Portugal und somit im größten Teil Europas. Die Skepsis gegenüber der parlamentarischen Demokratie mit ihren Parteien war eben keinesfalls ein Charakteristikum der politischen Extremisten, wie das Beispiel Marc Blochs zeigt. Was ihn von den Propagandisten Vichys unterscheidet, ist also weniger die kritische bis ablehnende Haltung gegenüber der politischen Kultur der III. Republik, als die Tatsache, dass er sie auf dem Wege einer Gewissenserforschung artikuliert, bei der die Identifikation mit dem Vaterland Züge einer Mutterbindung hat.[52] Marc Bloch weiß, dass es kein Akt von Patriotismus ist, das eigene Land zu verklären; sein Patriotismus besteht darin – und das ist die eigentliche Stärke dieses Buches über die seltsame Niederlage –, das eigene Land an seinen eigenen Ansprüchen zu messen und dabei auch die Defizite beim Namen zu nennen. Was Bloch auf den ersten Seiten seiner Gewissenserforschung beschreibt, nimmt den aktuellen Konflikt, ja den aktuellen Riss durch die französische Gesellschaft vorweg, der immer dann deutlich wird, wenn dunklere Kapitel des großen *roman national* aufgeschlagen werden, worunter man in Frankreich seit dem 19. Jahrhundert die vor allem von Jules Michelet geprägte Meistererzählung von Größe und Ruhm der eigenen Nation versteht. Es wurde Präsident Chirac verübelt, das Mitwirken französischer Polizisten an der *Rafle du Vél d'Hiv*[53] und somit die Staatskollaboration benannt zu haben, genauso wie es dem Präsidentschaftskandidaten Macron seitens vieler *Pieds-noirs* als Verrat angerechnet wurde, die Verbrechen der französischen Kolonialmacht in Algerien Verbrechen genannt zu haben. Die Gewissenserforschung entzündet sich nicht minder an der Frage, ob Doriot, Drieu la Rochelle oder Valois als Faschisten bezeichnet werden können – und wie berechtigt es eigentlich ist, von einem französischen Faschismus zu sprechen? Die Wechselfälle der französischen Erinnerung an Kollaboration und Widerstand, die zu dem von Henry Rousso analysiertem Vichy-Syndrom führten, sowie das gaullistische Ignorieren dieser Erinnerung in der Tradition Ernest Renans[54] sind eklatant. Der Historiker Zeev Sternhell, der die Idee einer französischen Immunität gegenüber der faschistischen Versuchung und somit die Tendenz, diese Versuchung zu vergessen, seit Jahren zu widerlegen versucht, löst mit seinen Thesen von einem franco-französischen Faschismus bis heute die heftigsten Kontroversen aus.[55] Ein Blick auf die deutsch-französische Kollaboration zwischen 1940 und 1944, ihre Akteure und deren Hinwendung zu einem seinerzeit als modern und revolutionär geltenden Denken, hilft, diese Kontroversen zu verstehen – und vor allem zu erkennen, warum im heutigen Frankreich die historische Gewissenserforschung von einem großen Teil der Bevölkerung und ihren politischen Repräsentanten als Bedrohung der nationalen Identität empfunden wird. Dabei werden nicht nur die dunklen Jahre der sogenannten *Collaboration* gerne dem Vergessen anheimgegeben – vergessen wird auch, dass es letztlich die uneingestandenen und nicht öffentlich reflektierten Konflikte der Pariser

Commune und der Dreyfus-Affäre waren, an denen die III. Republik im Sommer 1940 zugrunde ging.

Sigmaringen

SIGMARINGEN
SCHLOSSPORTAL

SIGMARINGEN. FÜRST LEOPOLD-DENKMAL

1940–1944: Deutsch-französische Zusammenarbeit an einem neuen Europa im Zeichen von Pazifismus – und Antisemitismus

»Hier, in dieser douce France, ist mein Charakter hart geworden. Frankreich selbst hat meine Erziehung zum Kämpfer und zum Nationalsozialisten in die Hand genommen.«[1] Diese Worte, ausgesprochen am 22. März 1941 in der Pariser Maison de la Chimie bei einem öffentlichen, von der *Groupe Collaboration* veranstalteten Vortrag, sprach nicht irgendein schwadronierender Hauptmann der Wehrmacht, der im Taumel des Sieges über den sogenannten Erbfeind brutal-sentimentale Anwandlungen bekam; vielmehr gehörten sie zur Rede eines Mannes, der wie kaum ein anderer das deutsche Frankreich-Bild der Dreißigerjahre geprägt hatte, ebenso wie die intellektuellen Beziehungen zwischen den beiden Ländern: Selten äußerte sich Friedrich Sieburg so dezidiert, und es ist tatsächlich das einzige eindeutige Bekenntnis zum Nationalsozialismus, das von ihm bekannt ist – ebenso, wie es nur eine und überdies sehr umstrittene antisemitische Äußerung seinerseits gibt.[2]

Dies machte es Sieburg nach dem Krieg umso leichter, nach kurzer Karenz wieder eine führende intellektuelle Rolle in der jungen Bundesrepublik zu spielen;

es ändert indes nichts daran, dass sich in Männern wie Friedrich Sieburg, Otto Abetz, Karl Epting und Gerhard Heller die andere, die im trüben Licht von ideologischer Verblendung und engherzigem Opportunismus schillernde Seite der deutsch-französischen Beziehungen im 20. Jahrhundert manifestiert. Sie gehörten zu jenen frankophonen – und oftmals viel zu leichtfertig auch als frankophil bezeichneten – Intellektuellen der Weimarer Republik, denen die deutsch-französische Aussöhnung nach dem Ersten Weltkrieg genauso ein Herzensanliegen wie der Versailler Vertrag ein Dorn im Auge war, ja die – wie Otto Abetz – voller Idealismus auf die Jugend setzten, um die Beziehungen zwischen den beiden Ländern nach zwei deutsch-französischen Kriegen innerhalb von nicht einmal 45 Jahren zu verbessern. Sie waren geprägt vom Geist von Locarno, sie gehörten zu »einer zwischen rechts und links oszillierenden politischen Boheme«[3] – und sie ließen sich von den Propagandisten des Dritten Reichs korrumpieren und wurden selbst dessen Propagandisten, während sie im Umfeld der deutschen Botschaft im besetzten Paris ihren Berliner Auftraggebern dienten; bei Kriegsende fanden sie sich in Sigmaringen wieder und nach Kriegsende strickten sie an der Legende ihrer Mission als Mittler zwischen Deutschland und Frankreich.

Am Anfang dieser fatalen Entwicklung standen

die deutsch-französischen Treffen am Sohlberg im Schwarzwald, aus denen der Sohlbergkreis hervorging, dem es ein Anliegen war, dass »alle, die kein besonderes Frankreichstudium treiben können, die erforderlichen Kenntnisse erhalten, und die studierenden Romanisten sollen mit den aktiven Kreisen der deutschen Jugend zusammengeführt werden«.[4] Hauptakteure dieses Kreises waren Otto Abetz und sein französischer Partner, der Journalist Jean Luchaire, dessen Sekretärin bald Abetz' Frau werden sollte. Weder Abetz noch Luchaire, der später die Volksfront-Regierung Léon Blums unterstützen würde, zeigten zunächst Sympathien für den Nationalsozialismus, dessen Führer nicht müde wurde, Frankreich als »Deutschlands Todfeind für jede weitere Entwicklung«[5] zu bezeichnen: Im Mai 1933 antwortet Luchaire denjenigen seiner Landsleute, die sein Plädoyer für eine Annäherung an Deutschland kritisieren, mit einer expliziten Zurückweisung der ersten Gewaltausbrüche nach der ›Machtergreifung‹.[6] Befremdlich allerdings und bezeichnend für seinen weiteren Werdegang, der ihn, den linken Journalisten, in den inneren Kreis der Kollaboration führen wird, ist sein Werben um Verständnis für die ›deutsche Revolution‹ von 1933: Natürlich sei die Gewalt gegen Juden nicht akzeptabel, aber, so fragt er in einem Artikel vom 14. Mai 1933, wer habe sich denn über die Demütigungen aufgeregt, welche die deutsche Jugend nach dem Vertrag von Versailles habe erfahren müssen?[7] So schreibt ein Mitglied der LICA (Internationale Liga gegen den Antisemitismus), und was als scheinbar harmloser Vergleich beginnt, entpuppt sich wenige Jahre später als aggressiver Antisemitismus: Als 1941 die deutsche Besatzungsmacht als Reaktion auf Attentate der Résistance beginnt, französische Geiseln zu erschießen, empfiehlt Luchaire, doch vor allem jüdische Geiseln zu erschießen, seien es doch die Juden gewesen, welche die Annäherung zwischen Frankreich und Deutschland hintertrieben hätten[8]. Und als sich mit Stalingrad die deutsche Niederlage ankündigt, wird Luchaires Lob des deutschen Führers zu einem frenetischen Verdammungsurteil des »jüdisch-anglo-amerikanischen Kapitalismus« und »jüdisch-slavischen Bolschewismus«.[9] Zur gleichen Zeit kümmerte sich sein Freund und Weggefährte Otto Abetz als deutscher Botschafter in Paris um die Enteignung von jüdischem Besitz und um die Deportation der Eigentümer nach Auschwitz.

Was war geschehen? Wie konnten Jean Luchaire und Otto Abetz, die beiden Kämpfer für die deutsch-französische Wiederannäherung nach 1918 und für den Frieden zwischen den sogenannten Erbfeinden, zu Propagandisten der nationalsozialistischen und antisemitischen Besatzungspolitik zwischen 1940 und 1944 werden? Oder anders gefragt: Stellt das Beispiel Jean Luchaire – um zunächst vom französischen Kontext zu sprechen – nicht die traditionelle, weil eingängige These auf den Kopf, der zufolge die Kollaboration als Fortführung oder vielmehr als praktische Konsequenz der Ideen der politischen Rechten anzusehen sei, wie sie sich in der *Action française* und im Umfeld von Charles Maurras und Maurice Barrès schon vor dem Ersten Weltkrieg und in der Zwischenkriegszeit entwickelt hatten? In der Tat – das zeigt das Beispiel Jean Luchaires ebenso deutlich wie dasjenige des Sozialisten Marcel Déat, Autor eines berühmt-berüchtigten Zeitungsartikels unter dem Titel »Mourir pour Dantzig?« – geht die sogenannte *Collaboration* nicht in erster Linie aus dem Umfeld der katholisch-royalistischen Rechten hervor und auch nicht aus dem französischen Faschismus; vielmehr ist sie eine Konsequenz des Pazifismus der Dreißigerjahre, der besser mit Appeasement bezeichnet wird.[10]

Sowohl das gaullistische Narrativ der Nachkriegszeit wie auch die gleichzeitige kommunistische Glorifizierung der Résistance (selbstverständlich ohne Berücksichtigung der Rolle der Kommunisten bis zum Juni 1941)[11] haben diesen Zusammenhang wohlweislich verschwiegen: Andernfalls nämlich hätte man sich damit auseinandersetzen müssen, dass die Kollaboration von denjenigen am meisten befürwortet wurde, die in den Dreißigerjahren einer deutsch-französischen Verständigung das Wort redeten – dies zu betonen war aus Sicht der Deutschlandpolitik Präsident de Gaulles im Vorfeld des Élysée-Vertrages von 1963 ebenso wenig opportun, wie es dem PCF, der kommunistischen Partei Frankreichs, recht sein konnte einzugestehen, dass viele Kollaborateure – wie beispielsweise Jean Luchaire, Marcel Déat und Jacques Doriot – in der Zwischenkriegszeit zum linken und extrem linken politischen Spektrum gehört hatten. Erst nach dem Krieg konnte man offenbar erkennen, was in der Dramatik der Situation nur schemenhaft sichtbar gewesen war: Marc Blochs unter dem Eindruck des deutschen Angriffs auf Frankreich verfasste Kritik am französischen Bürgertum und am Versagen der Eliten war vor allem dem diffusen Unbehagen daran geschuldet, dass im Moment der militärischen Niederlage die Republik und der Parlamentarismus nicht nur von denjenigen preisgegeben wurde, von denen man es gar nicht anders erwartet hatte, nämlich den *anti-dreyfusards*, den royalistisch-katholischen Gegnern der revolutionären Trias von Freiheit, Gleichheit und Brüderlichkeit sowie der *Action française*. Seltsam war die von Marc Bloch beschriebene Niederlage der III. Republik vielmehr deshalb, weil sie von denjenigen vehement begrüßt wurde, die noch vor Kurzem zu den Anhängern des republikanischen Gedankens gehört hatten.

Nachdem die Regierung der III. Republik unter Ministerpräsident Édouard Daladier und Präsident Albert Lebrun dem deutschen Nachbarn am 3. September 1939 den Krieg erklärt hatte, war sie ihren ehemaligen Anhängern nichts mehr wert. Der Friede mit dem nationalsozialistischen Nachbarn relativierte plötzlich alles, was die republikanische Tradition in Frankreich bislang ausgemacht hatte:

> Mein ganzes Leben habe ich mich für den Frieden eingesetzt, ebenso wie für die deutsch-französische Annäherung, die für diesen Kontinent die wichtigste Voraussetzung des Friedens ist. [...] Ich habe sie in der Zeit der Weimarer Republik ebenso gewünscht wie unter dem Nationalsozialismus, und ich werde sie unter allen Umständen wünschen, gleich ob diese für Deutschland glücklich oder unglücklich sein mögen.

Das schrieb 1943 René Chateau[12]; die *Collaboration* galt ihm, dem ehemaligen Mitglied der radikalsozialistischen Partei, als revolutionärer Akt[13], und fünf Jahre nach seinem Austritt aus der Liga gegen den Antisemitismus schrieb René Chateau 1942, dass es drei internationale Kriegstreiber gebe, nämlich Kapitalismus, Bolschewismus und Judentum.[14] Es war die aus der Erfahrung der Schützengräben vor Verdun herrührende Überzeugung, dass es nie wieder zum

Krieg zwischen Frankreich und Deutschland kommen dürfe, welche Politiker der Linken wie Jean Luchaire, Marcel Déat oder eben René Chateau, zu »Münchnern«[15] werden ließ – und dann zu Propagandisten der *Collaboration*. Vektor dieser seltsamen Entwicklung linker Politiker zu Unterstützern des autoritär-antirepublikanischen Marschalls Pétain war der Pazifismus der Dreißigerjahre – und sein Symbol wurde die Münchner Konferenz von 1938. Appeasement und Kollaboration werden somit zu einem Beleg der vielzitierten These vom Ersten Weltkrieg als Urkatastrophe des 20. Jahrhunderts, denn die Frage, wer ein Kollaborateur sei, lässt sich gerade nicht mittels des Rechts-Links-Schemas der politischen Farbenlehre beantworten, sondern nur unter Rekurs auf das, was Jean-Paul Sartre nach der Befreiung Frankreichs von deutscher Besatzung als eines der merkwürdigsten Paradoxa dieser Zeit betrachtete: nämlich die Sympathie der leidenschaftlichsten Pazifisten mit den Soldaten eines auf den Krieg und nichts als den Krieg eingeschworenen Landes.[16]

Ein weiteres, ebenfalls von Sartre benanntes Paradox betraf das Pariser intellektuelle Leben in den über vier Jahren der deutschen Besatzung: Man nahm dem Philosophen einen Satz besonders übel, den er keine drei Wochen nach der Befreiung von Paris äußerte, als beträchtliche Teile Frankreichs noch unter der sich angesichts des Rückzugs zunehmend brutalisierenden deutschen Besetzung litten: »Niemals waren wir freier als unter der Besatzung«, beginnt ein Artikel vom 9. September 1944, von dem leider meistens nur dieser erste Satz zitiert wird.[17] Es gibt eine philosophische Dimension dieses Satzes, die in Sartres Freiheitsbegriff wurzelt[18]; es gibt indes auch einen ganz konkreten Bezug zu der Situation vieler französischer Intellektueller in den Jahren 1940 bis 1944, die sich gut und bestens mit der Besatzungsmacht arrangierten; dies hat zu tun mit den deutschen Antipoden (oder sollte man nicht besser sagen: Partnern?) von Marcel Déat und Jean Luchaire, aber auch von Schriftstellern wie Louis-Ferdinand Céline oder Pierre Drieu la Rochelle. Hier treffen wir auf die frankophilen und frankophonen Deutschen, die sich vor dem Machtantritt der Nationalsozialisten im Sohlbergkreis und in den Deutsch-französischen Monatsheften für Verständigung und Zusammenarbeit zwischen den Gegnern aus dem Ersten Weltkrieg eingesetzt hatten. Ja selbst vor dem Pathos der Versöhnung[19] schreckten in den Dreißigerjahren die künftigen Besatzer und Ausbeuter Frankreichs nicht zurück und trafen dabei auf offene Ohren der Franzosen, denen alles am Frieden lag – und die daher im Zeichen des Pazifismus sogar bereit waren, die Grundlagen einer freiheitlichen Gesellschaft preiszugeben: In seiner Selbstkritik bringt

Edgar Morin, der sich selbst als *munichois* bezeichnet und zu Beginn des Vichy-Regimes dessen Anhänger war, diese Entwicklung auf eine einfache, aber erklärungsbedürftige Formel: »Nicht die großen Schicksalsschläge verändern die Menschen zum Schlechten, sondern ihr unbemerktes langsames Abgleiten.«[20] Wie konnte es passieren, dass der Pazifismus in den Antisemitismus abglitt? Simon Epstein erklärt dieses französische Paradox mit der alles übersteigenden Furcht vor einem neuen Krieg zwischen Frankreich und Deutschland, der man eben alles – auch die Solidarität mit den deutschen Juden und damit einen der Grundwerte der Republik – unterzuordnen bereit war.[21]

In der Tat löste bei vielen französischen Intellektuellen der Pazifismus und die Furcht vor einem neuen Verdun ihre Bereitschaft zur Kollaboration[22] aus und ihr wachsender Antisemitismus erscheint somit lediglich die Folge dieser freiwilligen Unterwerfung unter die deutsche Hegemonie zu sein. Für viele mag dies zutreffen[23], aber es gab in den Pariser Zirkeln genauso den tief verwurzelten rassistischen Antisemitismus, der seit Édouard Drumonts Buch *La France juive* weniger diejenigen geradezu obsessiv beschäftigte, die zum Faschismus neigten und Mussolinis Revolution bewunderten, als vielmehr die Anhänger der *vieille France* von Colbert und Richelieu: wie zum Beispiel

Jean Giraudoux, dessen Rassismus[24] mit Verweis auf seine Tätigkeit als Diplomat und Schriftsteller von seinen interessierten Apologeten relativiert wird und dem kein geringerer als Louis Aragon das Adelsprädikat des Résistant verlieh[25]. Oder wie zum Beispiel Louis-Ferdinand Céline, der in seinem 1937 erschienenen Pamphlet *Bagatelles pour un massacre* erklärte, er wolle »lieber von einem Deutschen erschossen als von einem Juden verblödet« werden[26] und dem heute als literarischem Revolutionär mit einer Aufnahme in die renommierte *Bibliothèque de la Pléiade* gehuldigt wird – wie übrigens ebenfalls Pierre Drieu la Rochelle.

Der Antisemitismus ist das Bindeglied zwischen den zur Kollaboration bereiten französischen Intellektuellen und ihren deutschen Ansprechpartnern im besetzten Paris: Karl Epting, Leiter des DAAD-Büros in Paris und enger Mitarbeiter von Otto Abetz seit den Tagen der deutsch-französischen Sohlberg-Treffen im Schwarzwald, Romanist und – zunächst, zumindest während seines Studiums in Dijon – frankophil, war Verfechter eines nationalistischen Determinismus: Quasi im Schatten der dilettierenden, aber überaus populären Völkerpsychologie Friedrich Sieburgs, der sich in immer neuen Anläufen an vermeintlichen und tatsächlichen Unterschieden zwischen Frankreich und Deutschland abarbeitete, war Eptings ein Jahr nach Hitlers Machtantritt geäußerte Vorstellung von internationaler Zusammenarbeit schon ganz auf Parteilinie und ließ die Konturen der künftigen deutschen Besatzungspolitik in Frankreich erkennen.[27] Denn hinter dieser ›restlosen Radikalität‹ steht vor allem eine Verachtung des Landes, für das er sich zunächst begeistert hatte, und der »Lebensform des französischen Volkes«; sie werde »durch Sprunghaftigkeit, Gegensatz von Trieb und Geist, dumpfem Dahinbrüten und plötzlichem Aufflackern, Grausamkeit und Hingabe, Schmutz und Eleganz zu einem Gegenbeispiel dessen, was der französische Geist Zivilisation genannt hat«.[28]

Eine solche ambivalente Haltung zu Frankreich, das als Faszinosum und gleichzeitig als abstoßend wahrgenommen wurde, ist sicherlich zutreffend mit dem Begriff Hassliebe[29] charakterisiert, mehr wohl jedoch mit dem von Nietzsche analysierten Ressentiment.[30] Jedenfalls hätten sich pazifistisch gesonnene Franzosen in Kenntnis solch despektierlicher Äußerungen über die Lebensform des französischen Volkes keinen Illusionen über Verständigung und Zusammenarbeit hingeben müssen. Wenn sie es dennoch taten, lag dies zweifellos auch an der von Claude Digeon (allerdings für die Zeit vor 1914) festgestellten obsessiven Präsenz des deutschen Konkurrenten im französischen Kollektivbewusstsein[31]: Das Verhältnis vieler Franzosen gegenüber dem deutschen Nachbarn war seit 1933 von eben den Parametern bestimmt, die Friedrich Sieburg in seinem Buch *Gott in Frankreich?* in allen möglichen Variationen durchdekliniert hatte – was dessen überaus schnelle Übersetzung ins Französische und deren lebhafte Rezeption erklärt.

Sieburgs Gegenüberstellung vom statischen Frankreich und dem dynamischen Deutschland ist freilich älter als die nationalsozialistische Revolution[32], aber das von ihm geschickt variierte Heterostereotyp über Frankreich entsprach dem Autostereotyp vieler Franzosen und traf somit den Nerv vieler mit der III. Republik Unzufriedener. Inwiefern es sich dabei nicht nur um ein Stereotyp handelte, sondern auch um eine objektive Realität, hat Stanley Hoffmann in seiner These von der blockierten Gesellschaft (»stalemate society«) im Frankreich der III. Republik gezeigt: Mangels einer Industrialisierung, wie sie gerade im östlichen Nachbarland zu beobachten war, und angesichts eines sehr ausgeprägten Agrarsektors fern der Metropole Paris und auch ohne Anbindung an die Provinzstädte habe sich die französische Gesellschaft durch einen konservativen Beharrungswillen selbst blockiert.[33] War das demografische Problem, nämlich eine nahezu stagnierende Geburtenrate, Ursache oder Wirkung dieses Konservatismus? Jedenfalls existierte es, wie eine 1911 erschienene Studie des Statistikers und Demografen Jacques Bertillon unter dem Titel *La Dépopulation de la France, ses conséquences, ses causes, mésures à prendre pour la combattre* zeigt. Kurz vor dem Ersten Weltkrieg nahmen die Franzosen Frankreich als ein Land wahr, das sich von seinen Nachbarn und Konkurrenten um die Führungsrolle in Europa und der Welt überrunden ließ: »Innerhalb von nur fünf Jahrzehnten hatte Frankreich seine Position als demographischer Spitzenreiter Europas eingebüßt und insbesondere den gefürchteten deutschen Nachbarn mit einer weit dynamischeren Bevölkerungsentwicklung an sich vorbeiziehen sehen«,[34] resümiert Matthias Waechter den objektiven Hintergrund des subjektiv von vielen Franzosen wahrgenommen Niedergangs ihres Landes, der sich an ganz konkreten Zahlen zeigte.[35]

Diese Zahlen zur Kenntnis zu nehmen ist das eine, Schlussfolgerungen aus ihnen zu ziehen ein anderes. Die dritte Möglichkeit bestand darin, sie zu Zwecken der Propaganda zu nutzen und sie als Bestätigung einer dilettierenden Völkerpsychologie zu sehen; diese Gelegenheit ließ sich Friedrich Sieburg nicht entgehen: Frankreich als alte Nation habe seinen revolutionären Furor längst verloren und sei vor allem auf Sicherheit bedacht; Franzosen seien Individualisten, und vor allem versäume es Frankreich, seiner Jugend Perspektiven zu bieten, wie sie im nationalsozialistischen Deutschland, im faschistischen Italien und selbst in der Sowjetunion zu beobachten seien.[36]

Aus diesem Bewusstsein einer neuen, revolutionären und jugendbewegten Überlegenheit autoritärer und diktatorischer Staaten über die alten, unbeweglichen Demokratien, das selbst bei Marc Bloch anklingt[37], erwuchs das Überlegenheitsgefühl der deutschen Besatzer um Otto Abetz, die die Franzosen, und insbesondere die Pariser Intellektuellen, für den Nationalsozialismus gewinnen sollten – und wollten. Aber der gemeinsame Nenner war schwach, denn spätestens seit der Affäre um den jüdischen Hauptmann mit dem deutsch klingenden Namen Dreyfus hatten sich mit der *germanophobie* und dem Antisemitismus zwei Konstanten gezeigt, die das öffentliche Leben Frankreichs ebenso wie das kollektive Unterbewusstsein[38] seit dem Ende des 19. Jahrhunderts prägten.

Abetz wusste, dass sich in der Ablehnung Deutschlands die seit dem Krieg von 1870 bestehende Furcht vor dem als militaristisch wahrgenommenen Nachbarn mit der Empörung über die Demütigung im Spiegelsaal von Versailles vom 18. Januar 1871 mischte – und seine Strategie war ebenso zynisch wie berechnend: Um die nicht zuletzt durch Charles Maurras gepflegte und verbreitete *germanophobie* vieler Franzosen zu schwächen, förderte er den Antisemitismus und somit die zweite Komponente der französischen

Obsession. Dabei traf er mit Pierre Laval, dem Ministerpräsidenten des Vichy-Regimes, auf ein in seinem Sinne optimales Gegenüber: »Für Laval ging es darum, Kontakte zu den deutschen Machthabern zu knüpfen und erste Ergebnisse so rasch wie möglich präsentieren zu können. Für Abetz ging es darum, seinen tatsächlichen Einfluss auf die französische Regierung zu sichern und auch gegenüber den Vorgesetzten in Berlin unter Beweis zu stellen.«[39]

Auf diese Weise wurde der Antisemitismus zum Vektor der Kollaboration zwischen deutsch-französischen Partnern, die zuvor keinerlei Judenfeindschaft gezeigt hatten. Gerade das Beispiel Pierre Laval, der ab 1940 die Kollaboration entscheidend prägt (was ihn dann schließlich auch nach Sigmaringen und letztlich zur Verurteilung zum Tode führen wird), dessen politische Anfänge in der sozialistischen Partei liegen[40] und der als Minister in den Regierungen Aristide Briands aktiv dessen Locarno-Politik unterstützte, relativiert die These, dass »eine klare ideologische Kontinuität zwischen dem politischen Denken der französischen extremen Rechten während der Dreißiger Jahre und der Kollaboration«[41] bestand.

Es gab diese Kontinuität, aber sie war nicht der entscheidende Strang der Kollaboration, die auf französischer Seite aus dem Pazifismus der Dreißigerjahre und auf deutscher Seite aus einem opportunistischen

Antisemitismus hervorging – das macht die Ansammlung derer, die dann beim Rückzug der Wehrmacht aus dem besetzten Frankreich von Vichy zunächst nach Belfort und dann nach Sigmaringen kamen, so bemerkenswert: Denn es waren gerade nicht die royalistisch-katholischen Anhänger der *Action française*, die im Gefolge Pétains und Lavals im Winter 1944/1945 in Sigmaringen auf das Wunder eines deutschen Endsieges warteten[42], es waren gerade nicht die antiliberalen Faschisten der Zwanzigerjahre, die wie Georges Valois einem nationalen Sozialismus huldigten und den Liberalismus beerdigen wollten[43] – es war vielmehr ein Marcel Déat, der noch 1936 behauptet hatte, dass er gegen jeden Rassismus und Antisemitismus sei[44], es war der ehemalige Locarno-Politiker Laval, es war Jean Luchaire, ehemaliger Unterstützer der Politik Léon Blums[45] und Partner von Otto Abetz bei der Förderung der deutsch-französischen Jugendbegegnungen, und es war Friedrich Sieburg, der 1935 im Vorwort zu einer Neuausgabe von *Gott in Frankreich?* gefordert hatte: »[E]rkennen wir in Frankreich eine Welt, die leben will und deren Ideale von der Mehrzahl aller Abendländer geteilt werden.«[46]

Der sogenannte harte Kern der Kollaboration, der sich im Herbst 1944 in Sigmaringen um den greisen Marschall im Sigmaringer Schloss einfand, erweist sich bei genauerem Hinsehen als eine Gesellschaft korrumpierbarer Biedermänner, die aus Geltungsbewusstsein und Opportunismus ihre bisherigen Überzeugungen geschmeidig dem Geist »der neuen Zeit« (Sieburg) anpassten. Banal war die Bosheit der Kollaborateure – erinnert sei hier an Friedrich Sieburgs zynische Koketterie mit dem »bösen Prinzip«[47] – vor allem deswegen, weil sie von Menschen personifiziert wurde, die mit dem etwas schwülstigen Brustton der Überzeugung heute für Menschenrechte und Freiheit eintreten konnten[48], um morgen Blut und Boden zu vergöttern[49] – oder umgekehrt, wie Friedrich Sieburg, 1941 dem Nationalsozialismus zu huldigen, um wenig später die Dreistigkeit zu besitzen, das Schicksal der von Deutschen ermordeten Juden auf eben diese Deutschen zu beziehen und keine fünf Jahre nach dem Untergang des Nationalsozialismus – Goethe bemühend und verfälschend – zu schreiben: »Verpflanzt und zerstreut in alle Welt müssen die Deutschen werden, um die Masse des Guten ganz und zum Heile aller Nationen zu entwickeln, die in ihnen liegt.«[50]

Hexensabbat, Tragödie – oder einfach nur verstocktes Warten? Mythos und Wirklichkeit des Alltags im Sigmaringer Winter 1944/1945

Europa existiert, als brüderliche Verbindung von Menschen weißer Hautfarbe. Aber es kann nur weiterbestehen, wenn es ein Europa der Vaterländer gibt, in denen Völker leben, die an dieses Ideal glauben. Habt keine Angst davor, wahre Franzosen zu sein und gleichzeitig Europäer [...] Europa steht am Scheideweg: entweder es wird untergehen oder zum Leben erblühen![1]

Derjenige, der im November 1944 im sogenannten Deutschen Haus[2] in Sigmaringen in schwarzer SS-Uniform eine solche flammende Rede hält, gehört nicht zu den französischen Kollaborateuren und auch nicht zu ihren deutschen Partnern, wie Friedrich Sieburg und Karl Epting, die sie aus Paris an die Donau begleitet haben. Léon Degrelle hatte 1935 in Belgien den *Front populaire de Rex* gegründet und kam nun direkt von der Ostfront an die Donau, um dem Häuflein versprengter Franzosen in Sigmaringen unter dem Motto *L'Europe nouvelle et le redressement de La France* neuen Mut einzuflößen; und den brauchten sie, denn in den winterlichen Alltag des Sigmaringer Exils schlich sich Zermürbung ein, aber auch Angst vor der Zukunft, gepaart mit trotzigem Durchhaltewillen und – bestärkt durch Reden wie die von Degrelle – der Hoffnung darauf, letztlich auf der richtigen Seite der Geschichte zu stehen. Degrelle zieht alle Register und bedient alle Klischees, an denen man sich in den vergangenen Jahren berauscht hatte: Schuld am Krieg seien die »Plutokraten« in London, die sich der kriegslüsternen französischen Republik der Dreißigerjahre (»cette République belliciste«) bedient hätten, um die europäische Idee der Deutschen und Franzosen und deren heldenhafte Verteidigung gegen die russisch-bolschewistische Bedrohung zu hintertreiben. Solche Geschichtskonstruktionen entsprachen übrigens genau dem Frankreich-Bild der nationalsozialistischen Propaganda, welche den Besatzern, aber auch der deutschen Bevölkerung die vermeintliche Berechtigung der Besetzung Frankreichs vor Augen führen sollte, sei Frankreich doch der Kriegstreiber, gegen den sich die Deutschen verteidigen müssten.[3]

Die Sigmaringer Franzosen – so tröstete Degrelle sich und seine Zuhörer –, welche das »ewige Frankreich«[4] repräsentierten, seien ja schließlich nicht allein, denn der amtierende Regierungschef, Fernand de Brinon, kämpfe an der Seite des Ungarn Szálasi, des Norwegers Quisling, des Russen Wlassow und nicht zuletzt an seiner, Degrelles Seite. Mussolini, dessen

Weltimperium sich inzwischen auf die norditalienische *Repubblica Sociale Italiana* mit dem Regierungssitz zunächst in Salò am Gardasee und später in Mailand beschränkte, gehörte auch noch in diese Reihe, mit der sich die Anhänger eines faschistischen Europas die Fiktion eines europäischen Bündnissystems schufen, die sich in den Botschaften Deutschlands, Italiens und Japans in der »französischen Hauptstadt Sigmaringen« widerspiegelte. Die Deutschen, so Degrelle, kämpften einen gerechten und heroischen Kampf, dessen Symbol »le Panzerfaust« sei – die Waffe der Gerechten gegen die vermeintliche Übermacht englischer Panzer, »ces armes de riches«.

Eine Woche vor Léon Degrelles aufbauender Rede hatten sich seine an ihrer eigenen Courage zweifelnden Zuhörer um Marcel Déat, Fernand de Brinon und Lucien Rebatet selbst Mut gemacht, indem sie ein *Manifeste des intellectuels* veröffentlichten, das bis in Diktion und Vokabular den Vorkriegsappellen (und auch manchen aus der Nachkriegszeit) ähnelte: Beschworen wurde »unser Glaube an die Notwendigkeit eines sozialistischen [!] Europa, in dem Frankreich endlich seine Sendung erfüllen kann, die Respektierung der Einzelperson mit der Macht des Staates zu versöhnen«.[5] Appelle, Reden, erbaulicher Zweckoptimismus, immer wieder die Beschwörung der *Europe nouvelle* unter deutsch-französischer Führung – darin erschöpfte sich die Tätigkeit der französischen Regierungskommission, die aus den Fenstern der obersten Schlossetage vom greisen Marschall Pétain misstrauisch-feindselig beäugt wurde; dessen Tagesablauf beschränkte sich auf Spaziergänge, Gottesdienstbesuche und das Abfassen seiner Verteidigungsschrift. Ribbentrop hatte ihn gleichsam als Faustpfand der Legitimität des Kollaborationsregimes nach Sigmaringen bringen lassen, aber seit seiner erzwungenen Abreise aus Vichy weigerte sich Pétain, mit den Deutschen zusammenzuarbeiten.

Wer heute nach Sigmaringen kommt und eine Vorstellung davon hat, dass sich hier in besonderer Weise die Geschichte der deutsch-französischen Beziehungen verdichtet, kann indes vom Aufenthalt der Franzosen in jenem Winter 1944/1945 nahezu keine Spuren erkennen. Im Schlossaufgang, hinter einer normalerweise verriegelten Tür, hat ein Schmäh-Graffito gegen de Gaulle (»La France vivra, / car elle est éternelle. / Vive Pétain! / À mort le drôle, sanglant de Gaulle!«) die Renovierungen der vergangenen Jahrzehnte überstanden, und auf dem Sigmaringer Friedhof befindet sich das Grab der Mutter von Abel Bonnard, seit 1942 Erziehungsminister des Vichy-Regimes, die ihren Sohn ins Sigmaringer ›Exil‹ begleitet hatte und dort verstarb. Außer dem verborgenen Graffito und dem entlegenen Grab erinnerte in Sigmaringen lange Zeit nichts an die merkwürdige Episode, als »Paris an der Donau«[6] lag. Als Claudio Magris Anfang der 1980er-Jahre für seine Biografie der Donau[7] von der Quelle bis zur Mündung des Flusses reiste und auch Sigmaringen besuchte, machte er bei der Schlossbesichtigung folgende Erfahrung: »Als ich sie [die junge Frau, die ihn und die anderen Besucher führte; C. K.] frage, wo der Marschall Pétain gewohnt habe, zuckt sie verwirrt die Schultern, mit einem Gesichtsausdruck, als habe sie diesen Namen zum ersten Mal gehört.«[8] Heute bietet das Schloss Themenführungen an zum Aufenthalt der Franzosen in jenem denkwürdigen Winter, der inzwischen gut erforscht ist[9], und Claudio Magris träfe mit etwas Glück auf einen kundigen Cicerone, der ihn auch zu weiteren Orten in Sigmaringen – zum Regierungssitz, zu den Botschaftsgebäuden, zum Fidelis-Haus oder zum Gasthof Löwen – führen würde, die in jenen Wintermonaten eine ebenso wichtige Rolle spielten wie das Schloss.

Vor allem aber würde Magris bei einem solchen Gang durch die Stadt ernüchtert werden: Es gab hier keinen »blutigen, unflätigen Karneval von Sigmaringen«[10], aber sicherlich die dramatischen Szenen, die in dieser Endphase des Krieges in unzähligen Städten zu sehen waren, wo Menschen Schutz und Unterkunft suchten. Und diese Not war in Sigmaringen – auch darin nicht anders als in vielen anderen Orten – rund um den Bahnhof zu sehen und in den notdürftig zurechtgezimmerten Behausungen, wo diejenigen der etwa 5000 (nicht nur französischen) Flüchtlinge untergebracht wurden, die nicht das Glück hatten, im Haus eines der damals ebenfalls etwa 5000 Sigmaringer Bürger unterzukommen. Allein an den Relationen sieht man das Chaos, das sich so oder ähnlich in jenen Wochen und Monaten nahezu überall auf dem »wilden Kontinent«[11] abspielte.

Lediglich der Kontrast war in Sigmaringen besonders krass: Während sich in der Stadt die Menschen drängten, logierte der harte Kern der Kollaborateure im Schloss – mit den ritualisierten täglichen Zusammenkünften *à table*, an denen eine heile französische Welt zumindest kulinarisch zelebriert wurde, und mit der immer hölzerner klingenden Propaganda, die Jean Luchaire über die Zeitung *La France* und den Radiosender *Ici la France* verbreiten ließ. Das Leben der Regierungsmitglieder, für die es nichts und niemanden zu regieren gab, bestand aus einer eigentümlichen Mischung aus Banalität, Bürokratie und Fanatismus, die nicht aus dem Stoff war, aus dem Tragödien gemacht sind.[12] Eher schon ein absurdes Theaterstück, in dem sich jeder selbst mit seinen Hoffnungen auf eine triumphale Rückkehr nach Paris betrügt und alle sich gegenseitig etwas – nämlich eine legitime französische Regierung – vormachen, und

dessen banale Handlung lediglich von einem Protagonisten von außen vorangetrieben wird: Jacques
Doriot. Er spaltete diese heterogene Schicksalsgemein-
schaft in zwei Lager: nämlich dasjenige derer, die ihn
fürchteten – wie Marcel Déat und Joseph Darnand –,
weil er ohne Pétain ein nationales Befreiungskomitee
gründen und aus der *Révolution nationale* eine durch
und durch faschistische machen wollte, und das Lager
der anderen – so vor allem Fernand de Brinon –, die
in hoffnungsvoller Unterstützung Doriots und Bewunderung des rücksichtslosen Chefs des *Parti populaire
français* die einzige Möglichkeit sahen, im Triumph
nach Paris zurückzukehren und de Gaulle sowie die
Amerikaner und Engländer ins Meer zu jagen.[13]

Mit sicherem Instinkt dafür, dass seine Stunde –
und das hieß für ihn: seine Gunst bei Ribbentrop –
kommen werde, hatte sich Doriot nicht in Sigmaringen niedergelassen, sondern sein Hauptquartier eine
Autostunde entfernt auf der Bodenseeinsel Mainau
aufgeschlagen. Als er die Zeit für reif hielt, Pétain zu
ersetzen und eine neue Legitimität der Regierungskommission zu erzwingen, fuhr er am 22. Februar
1945 nach Sigmaringen – ohne je dort anzukommen:
Sein Wagen wurde wenige Kilometer vor der geplan-
ten Ankunft bei Mengen aus der Luft angegriffen;
Doriots Grab in Mengen ist die dritte materielle Spur
dieses Abschnitts der deutsch-französischen Bezie-

hungen, die bis zum heutigen Tag überdauert hat. Neben Jacques Doriot, dessen Machtgier wie ein dunkler Schatten über den allabendlichen Tafelrunden der französischen Sigmaringer schwebte, ist allerdings noch ein weiterer Besucher der Hohenzollernstadt zu nennen: Louis-Ferdinand Céline prägte nicht nur Claudio Magris' Beschäftigung mit Sigmaringen[14], sondern das Bild, das sich viele Franzosen seit 1945 vom Aufenthalt der Vichy-Regierung in Sigmaringen machen. Mit seinem Roman *Von einem Schloß zum andern* gelang es Céline in der Tat, die obskure Szenerie eines grausamen Hexensabbats rund um das Sigmaringer Schloss zu zeichnen, das ihm zum Symbol der blutigen und zerstörerischen Geschichte schlechthin gerät. Céline imaginiert diese Szenerie, aber Henri Godard, der Herausgeber der Werke Célines in der *Bibliothèque de la Pléiade,* kehrt die Verhältnisse um und nimmt die Fiktion für ein historisches Faktum: »[...] in Sigmaringen scheint die Geschichte wie von selbst die Gestalt eines Céline'schen Romans angenommen zu haben«.«[15] Während die deutsche Wahrnehmung des Sigmaringer Winters 1944/1945 eher eine regional-, ja fast lokalgeschichtliche ist, so bleibt die französische Wahrnehmung bis heute im Bann der Darstellung Célines, der ja nun keinesfalls interesselos war.[16] Noch Pierre Assoulines 2014 erschienenem Roman *Sigmaringen* oder dem im

Sommer 2017 von ARTE ausgestrahlten Doku-Drama *Sigmaringen, Hauptstadt Frankreichs* in der Regie von Serge Moati ist der Vorbehalt anzumerken, den Céline 1957 äußerte: Wohl oder übel müsse auch dies als Teil der französischen Geschichte betrachtet werden![17] Henry Rousso, der 1980 seine 600-seitige Dissertation dem Thema Sigmaringen 1944/45 gewidmet hatte, bekannte 1996, dass ohne Céline kein Mensch in Frankreich etwas über die Sigmaringen-Thematik wisse.[18] Aber Céline, der sich ausdrücklich als Romancier und nicht als Historiker verstand, beschrieb eine Fiktion, die sich der Wirklichkeit geradezu widersetzte – wie beispielsweise die angeblichen Bomben auf Sigmaringen, die das Wasser der Donau wie Geysire aufspritzen ließen:

> ... die Sirenen schwiegen nie ... aber die R.A.F. suchte die Brücke ... ausgerechnet die Brücke ... gerade in diesem Augenblick! ... kein blauer Dunst, i wo! ... sie warfen alle ihre Bombenketten über der Brücke ab, gerade drauf! ... drei, vier Maschinen auf einmal ... warum's vorbeiging? ... ihre Bombenserien wurden zu Geysirn! Die Donau brodelte davon! Und was für Schlammspritzer! Und in den Äckern ... drei ... vier Kilometer in die Felder hinein! ... unsereins hatte sich unter den Brückenbogen an den riesigen Granitpfeiler zusammengedrängt

das war 'ne Gelegenheit zum Pissen, für alle Minister, und die Parteien, und den Marschall. [19]

Und dann sind da die von Céline geschilderten Szenen eines panischen Hexensabbats in den Straßen der Stadt:

Man versteht das ganze Mittelalter, wenn man ein bißchen in Sigmaringen gelebt hat ... der Neid, der Haß der Gemeinen, rund herum, die an allem Dreck, Hungersnöten, Kälte, Fieber verreckten [...] Zuerst eine Brotausgabe! oh, ganz sensationell! An alle Flüchtlinge im Ort [...] In der Erwartung des Kuchens tauschten sie Flöhe, Läuse, Filzläuse, Krätze aus ... [...] im Halbkreis standen sie vor der Zugbrücke ... rollten die Stielaugen! Wie gebannt davon, was für 'ne Fresserei das geben sollte [...] ›Schweinebande! Kriegsgewinnler! Fettwänste! Verräter! Brot da drinnen! ... Peng! Peng! An den Galgen mit Laval! das Aas! der Lump! Brot ... Scheiße! Brinon! Mistvieh! Brot! ...‹ Der Zorn schwillt an! Mindestens dreihundert brüllten da nach Brot! wollten über den Wassergraben klettern!« [20]

All das ist jedoch eine Idiosynkrasie des exzentrischen Autors, die indes nur zu gerne für bare historische Münze genommen und entsprechend rezipiert wurde. [21] Céline dämonisierte – und Céline exorzierte:

Je absurder der Sigmaringer Alltag des Winters 1944/
1945 im Schloss und in den engen Straßen rund um
den Schlossfelsen erschien, desto mehr ließ er sich
als bizarre Episode einkapseln und als Fremdkörper
des *roman national* der französischen Geschichte
deuten. Gleichzeitig übertüncht das so dargestellte
skurrile Ende der Kollaborateure im fernen Deutschland den tatsächlichen Hexensabbat, der sich nach
der Befreiung (Libération) und somit zeitgleich zum
Sigmaringer Winter in den Straßen der französischen
Städte abspielte, und der mit dem Begriff »Säuberung«
(épuration)[22] bezeichnet wird – diese Abrechnung mit
den wahren und den vermeintlichen Kollaborateuren,
vor allem aber mit der eigenen Geschichte und mit
dem eigenen Versagen, das zur seltsamen Niederlage
des Sommers 1940 und zur nachfolgenden deutschen
Besatzung geführt hatte, konnte, ja durfte keinen Platz
im *roman national* finden, stellte sie doch den Höhe-
punkt eines seit Langem schwelenden Konflikts dar.[23]
Es liegt nahe, dass das von Céline geprägte Bild des
fernen Hohenzollern-Schlosses im französischen kollektiven Gedächtnis der Nachkriegszeit eine kompen-
satorische Funktion hatte und bis heute hat.

Nein, in diesem Schloss hat sich nicht die Tragödie des Verfalls Deutschlands abgespielt, auch nicht
des Verfalls Frankreichs – weder im Schloss noch hinter den Mauern des Prinzenbaus, der die Regierung

beherbergte, weder in den Botschaften noch in den Cafés, wo das Fußvolk der französischen Kollaborateure ein warmes Plätzchen fand. Hier waren diejenigen gestrandet, welche immer schon die Republik verachtet und die Universalität von Menschenrechten für eine Chimäre sowie die freie Rede für den Ausdruck von Beliebigkeit gehalten hatten – aber auch jene, welche noch wenige Jahre zuvor republikanische Freiheiten und universale Menschenrechte zu verteidigen bereit gewesen waren und nun mit ihnen nichts mehr anzufangen wussten. Was sie hier ein halbes Jahr lang taten? Etwas ganz Unspektakuläres: Sie warteten auf eine neue Gelegenheit, der Demokratie und der Republik, die sie bereits 1940 zerstört hatten und die jetzt, mit der Befreiung Frankreichs, eine neue Chance bekommen sollte, endgültig den Garaus zu machen.

Diese »Sigmaringer Franzosen« – allen voran Pétain und Laval, ebenso de Brinon, Déat und Luchaire, Darnand und Degrelle und auch Céline, aber auch ihre deutschen Partner Abetz, Sieburg und Epting – beschreibt Jean-Paul Cointet im Schlusskapitel seines Sigmaringen-Buchs als besiegte Gespenster der Geschichte und Menschen ohne Zukunft.[24] Aber trifft diese Einschätzung überhaupt zu? Zumindest einige dieser vermeintlichen Gespenster erwiesen sich als Überlebenskünstler. Zunächst verließen sie innerhalb weniger Tage im Frühjahr 1945 Sigmaringen und machten sich sprichwörtlich in alle Himmelsrichtungen davon. Zuerst Céline – und das schon Anfang März: Sein zynischer Abschied[25] in Richtung Dänemark wirft ein bezeichnendes Licht auf seinen ganzen Aufenthalt. Die anderen warten bis zum 21. April, die erste französische Armee unter General Jean de Lattre de Tassigny nähert sich Sigmaringen und wer jetzt noch fliehen kann, der will nur noch vor ihr fliehen – außer einem: Drei Tage vor seinem 89. Geburtstag entscheidet Philippe Pétain, im Schloss an der Donau die französischen Truppen zu erwarten. Er weiß, dass ihm in Paris ein Prozess droht, aber er verspricht sich davon, zu zeigen, dass er der Retter Frankreichs gewesen sei, als andere das Land verlassen hatten. Ribbentrop beharrt jedoch darauf, dass Pétain ›in Sicherheit‹ gebracht wird, steht dieser doch in den Augen des Reichsaußenministers immer noch für die Legitimität der Vichy-Kollaboration. So kommt es zu Pétains merkwürdiger ›Flucht‹ in die Schweiz – allerdings fühlt sich Pétain gar nicht als Flüchtiger, sondern als Heimkehrer, der sich seiner Verantwortung zu stellen habe.[26] Als der Konvoi von zwölf Fahrzeugen, darunter Pétains Limousine, am 21. April 1945 den Schlossberg hinunterfährt, wird die französische Trikolore auf dem Turm des Schlosses abgenommen. Kurz nachdem das Schloss von der ›französischen Exilregierung‹ – als solche wollten de Brinon und seine

Entourage die französische Präsenz in Sigmaringen verstanden wissen – geräumt worden war, kam die kämpfende Truppe der ersten Armee mit speziellen Anweisungen de Gaulles[27] in der Stadt an der Donau an und hisste keine 24 Stunden nach der Flucht der Kollaborateure erneut die französische Flagge über dem Giebel des Schlosses. Für die Sigmaringer Bevölkerung der ersten Nachkriegsjahre verschwamm übrigens das Bild der beiden französischen Gruppen, die sich kurz nacheinander in ihrer Stadt aufhielten und die gegensätzlicher nicht hätten sein können.

Der greise Marschall tat also alles dafür, nach Frankreich zu kommen, das er ein halbes Jahr zuvor nur gegen seinen Willen verlassen hatte; er tat es, um sich als tragischer Held des französischen Dramas zeigen zu können, als das sein Anwalt Jacques Isorni die vergangenen Jahre während des aufwendigen Pétain-Prozesses beschreiben sollte.[28] Den anderen ›Sigmaringer Franzosen‹ war klar, dass ihnen bei einer Rückkehr nach Frankreich ein eher kurzer Prozess gemacht werden würde; im Chaos der letzten Kriegstage und der vorrückenden alliierten Armeen blieb ihnen als Fluchtpunkt lediglich Francos Spanien, nachdem der US-amerikanische Gesandte in Bern sein Gastland bereits im September 1944 darauf aufmerksam gemacht hatte, dass eine Aufnahme von Repräsentanten der Achsenmächte – und zu ihnen gehörten auch deren Kollaborateure – negative Folgen für die Schweiz haben könnte.[29] Pierre Laval, der sich zuletzt wegen seines Zerwürfnisses mit Pétain im zwölf Kilometer von Sigmaringen entfernten Wilflinger Schloss der Familie von Stauffenberg aufgehalten hatte, gelang es tatsächlich, nach Spanien zu entkommen. Er rechnete wohl nicht damit, dass dessen Diktator die Zeichen der neuen Zeit erkannt hatte: Am 30. Juli 1945 erfährt Laval, der sich seit Anfang Mai auf der Festung Montjuïc in Barcelona aufhält, dass er am nächsten Tag nach Linz gebracht wird, das in der amerikanischen Besatzungszone liegt – von dort ist der Weg nach Paris nicht mehr weit, wo er Fernand de Brinon, Jean Luchaire und Joseph Darnand wieder trifft. Ihnen allen ist das gleiche Los beschieden: »condamné à mort et fusillé« – zum Tode verurteilt und hingerichtet –, notiert Henry Rousso lakonisch hinter jedem dieser Namen.[30] Andere hatten Glück: Marcel Déat gelang es, sich in einem Turiner Kloster zu verstecken, Léon Degrelle konnte, anders als Laval, in Spanien untertauchen, Lucien Rebatet floh nach Österreich, wurde dort verhaftet, dann den Franzosen übergeben und in Paris zwar zum Tode verurteilt, aber 1952 aus der Haft entlassen.

Und noch einer kam zurück nach Paris – und er kommt immer wieder dort an, heute mehr denn je: Louis-Ferdinand Céline wurde während seines Aufenthalts in Dänemark von einem französischen Gericht in Abwesenheit zum Tode verurteilt und dann begnadigt; ein Jahr nach seiner Begnadigung kehrte er 1951 nach Paris zurück – und alles schien vergessen. Nach dem Krieg wurde Céline als großer Stilist verehrt, und derjenige, der 1941 die deutschen Besatzer aufgefordert hatte, die Juden zu erschießen, aufzuhängen, auszurotten[31] – er wurde jetzt als der Erneuerer der französischen Sprache gefeiert. Sein Werk erfuhr die Apotheose der französischen Literatur: die Aufnahme in die *Bibliothèque de la Pléiade.* Die Diskussion um Céline wird seit seiner Rückkehr nach Frankreich und dem Verdrängen der rassistischen, antisemitischen Ausfälle nicht ohne Heuchelei geführt: So spricht mancher Literaturkritiker davon, dass Célines Bücher zu den wichtigsten seiner Zeit gehören[32], und man fragt sich, wie der größte Romancier Frankreichs ein antisemitischer Faschist werden konnte. In seinem Buch *Frankreich gegen Frankreich* gibt Wolfgang Matz eine ebenso nüchterne wie klare Antwort auf eine solche Frage[33] und analysiert das Phänomen Céline als Symptom eines zeitlosen Antisemitismus: Céline sei

> [e]in Schriftsteller, der in seiner apokalyptischen, gnostischen Totalverwerfung der Moderne, für die nicht nur sein Erleben, seine Erfahrung weiß Gott genug Gründe hat, der billigsten, simpelsten Versuchung erlegen ist, der man erliegen kann:

den *einen* Verantwortlichen für alles persönliche, gesellschaftliche, globale Übel zu finden, für den Weltkrieg, der so unfassbar schrecklich gewesen war, für den verpassten Prix Goncourt, das internationale Finanzkapital, die abgelehnten Ballette, für den neuen Weltkrieg, der noch schrecklicher werden wird, für all dies den *einen* Schuldigen, den *einen* bereits schuldig Geborenen, der dann eben kein Mensch mehr ist, sondern ganz einfach der Jude«.[34]

Das Phänomen Céline war im Winter 2017/2018 Gegenstand einer juristischen Auseinandersetzung, bei der es um die Frage ging, ob die zwischen 1937 und 1941 erschienenen antisemitischen Pamphlete Célines – nämlich *Bagatelles pour un massacre*, *L'école des cadavres* und *Les Beaux draps* – erneut bei Gallimard veröffentlicht werden dürften. Unabhängig vom Ausgang der Auseinandersetzung[35] ist diese selbst ein Symptom dafür, wie die Abgründe der *Collaboration* historisiert wurden – was indes bedeutet, dass sie durch den Mythos der Größe verharmlost werden. Darin ähnelt das Phänomen Céline dem Phänomen Pétain: Nach seiner Verurteilung wurde der Marschall begnadigt und in die Verbannung auf die Atlantikinsel Île d'Yeu geschickt, wo er 1951 starb: »Nach dem Aufenthalt in Elba kam also St. Helena«[36], lautet Henry Roussos eigenwilliges Fazit dieses Lebensendes, das in der Tat ebenso bald in das Licht des Mythos getaucht wurde wie dasjenige Napoleons. Über 50 Jahre nach dem Krieg galt Pétain einer Mehrzahl der Franzosen vor allem als aufopferungsvoller Landesvater[37] und bis heute wird er von nicht wenigen als Lichtgestalt in dunkler Zeit verehrt. In seinem Schatten verbergen sich die abgründigen Hoffnungen auf eine *Révolution nationale* und auf *la Nouvelle Europe*, womit die in Sigmaringen versammelten Kollaborateure ein neues Europa der Nationen und Nationalismen im Zeichen autoritärer Führerschaft gemeint hatten – verschwunden sind diese Hoffnungen keinesfalls und immer wieder gibt es Menschen, die auf Ähnliches warten und hoffen.

Beschwiegene Kontinuitäten:
Die Belastung der deutsch-französischen Beziehungen durch den Frankreich-Komplex und das Vichy-Syndrom

»›Ich habe Frankreich immer geliebt‹, sagte der Offizier, ohne sich zu rühren. ›Immer. Ich war ein Kind im letzten Krieg, und was ich damals dachte, zählt nicht. Seitdem aber habe ich es immer geliebt.‹«[1] Werner von Ebrennac heißt der deutsche Offizier und Protagonist, der in Vercors' Novelle *Das Schweigen des Meeres* die deutsche Besatzungsmacht verkörpert; oder sind die wahren Protagonisten der ältere Herr und seine Nichte, in deren Haus der deutsche Offizier einquartiert wird und dem sie mit beharrlichem Schweigen begegnen? Dieser frankophile deutsche Offizier, dessen Bild Jean Bruller alias Vercors 1941 zeichnete, ähnelt sehr stark der Figur Bruno von Frank, welche in Irène Némirovskys erst vor wenigen Jahren entdecktem, aber zur gleichen Zeit entstandenem Roman *Suite française* die Hauptrolle spielt. Offensichtlich hatte irgendwo im kollektiven französischen Gedächtnis das Deutschland-Bild der Zeit vor 1871 überlebt und drängte nun, in Form des gebildeten frankophonen Offiziers der deutschen Armee, ins Bewusstsein. Das Schweigen und die ablehnende Haltung der Franzosen wurden als Akt des Widerstands gegen deutsche

Sirenenklänge einer deutsch-französischen Europa-politik im Zeichen des Nationalsozialismus gedeutet. Andere – wie Arthur Koestler in seiner überwiegend ablehnenden Besprechung[2] des im Untergrundverlag Éditions de Minuit erschienenen Buches – kritisierten indes, dass der deutsche Offizier doch eine psychologisch unwahrscheinliche Mischung aus Frankophilie sowie Unterlegenheitskomplex und Arroganz darstelle. Damit zeichnete Koestler jedoch unabsichtlich ein sehr zutreffendes Porträt des deutschen Besatzungsoffiziers, der gleichsam als Verkörperung des von Nietzsche ein halbes Jahrhundert zuvor analysierten Menschen des Ressentiment erscheint.

Hinter der Figur des merkwürdigen deutschen Offiziers Werner von Ebrennac, der aus dem Bild des brutalen Militaristen herausfiel und das Bild des Deutschen in Madame de Staëls Deutschland-Buch *De l'Allemagne*[3] evozierte, hat man Ernst Jünger vermutet.[4] Jünger selbst hat damit übrigens immer gerne kokettiert und nicht zuletzt seine Rezeption in Frankreich hat das Bild des Besatzungsoffiziers der Wehrmacht festgeschrieben, der ›eigentlich‹ eine ganz andere deutsche Politik gegenüber Frankreich wünschte und widerwilliger Vollstrecker unliebsamer Befehle war, denen man sich entzog, wo immer es ging.[5] So sehr Jüngers Zynismus – man denke nur an die berüchtigte »Burgunderszene«[6] – abstoßen mag und auch wenn er manchen als »eiskalter Genüßling des Barbarismus«[7] galt, so sehr bergen doch die *Strahlungen* und die scheinbare Distanz ihres Autors zum nationalsozialistischen Regime (»Man muß die Logik der Gewalt durchschauen«[8]) ein gewisses Identifikationspotenzial – und zwar für diejenigen, die sich nach dem Krieg einredeten, an der deutsch-französischen Zusammenarbeit (das Wort »Kollaboration« wurde aus naheliegenden Gründen gemieden) mitgewirkt und die Annäherungen nach 1945 mit auf den Weg gebracht zu haben.

Schon im Sigmaringer Winter 1944/45 und verstärkt in der unmittelbaren Nachkriegszeit stilisierten sich die frankophilen Frankreichbesatzer aus dem Umfeld der deutschen Botschaft erneut als Mittler zwischen den beiden Ländern – allen voran Otto Abetz, der auch noch die deutsche Botschaft in Sigmaringen leitete, bevor er kurz vor Kriegsende in Ribbentrops Ungnade fiel und aus diesem Fall seine neue Identität ableitete: Während seiner Pariser Botschaftsjahre habe er nicht nur das Schlimmste verhindert, sondern dem Nazi-Regime versteckt Widerstand geleistet. 1951 erscheint Otto Abetz' noch in französischer Haft geschriebenes Buch *Das offene Problem. Ein Rückblick auf zwei Jahrzehnte deutscher Frankreichpolitik*, mit dem er die Deutungshoheit anstrebte über seine Rolle sowie die Rolle derer, die mit ihm die deutsche

Besatzungspolitik in Frankreich geprägt hatten – mit erschreckendem Erfolg![9] Dieser Erfolg lag wohl auch daran, dass es ihm gelang, die Öffentlichkeit davon zu überzeugen, dass das Einzige, was er sich vorzuwerfen habe, seine Skrupel seien, die ihn seinerzeit davon abgehalten hätten, Hitler – obwohl er doch direkten Zugang zu ihm hatte – zu töten.[10] In der unmittelbaren Nachkriegszeit, als der Hitler-Attentäter Stauffenberg vielen als Verräter galt, konnte Abetz durch diese Argumentation auf breite Sympathien hoffen. Mit keinem Wort hingegen ging Abetz auf seine nicht unerhebliche Mitwirkung bei der Deportation von in Frankreich lebenden Juden ein.[11] Dass Abetz sich hier nicht selbst belastete, ja gar Reue zeigte, erklärt sich sicherlich aus seinem weiterhin zu beobachtenden Opportunismus[12] und ist nicht verwunderlich. Erstaunlich ist vielmehr, dass in der französischen Öffentlichkeit der unmittelbaren Nachkriegsjahre die Erinnerung an das Verbrechen der Deportation jüdischer Bürger Frankreichs während der deutschen Besatzung eine untergeordnete, ja überhaupt kaum eine Rolle spielte. Ein Grund dafür liegt offenbar darin, dass die beiden führenden gesellschaftlichen Gruppen der Nachkriegsjahre wenig Interesse an einer authentischen Erinnerung an die sogenannten *années noires* hatten: Während die Gaullisten Vichy und die Besatzungsjahre durch de Gaulles »nul et non avenu«[13] zu exorzieren suchten, lag der kommunistischen Partei Frankreichs daran, ihre zwiespältige Rolle zwischen dem Hitler-Stalin-Pakt vom Spätsommer 1939 und dem deutschen Angriff auf die Sowjetunion, und insbesondere ihren Appell vom 10. Juli 1940, nach Möglichkeit dem Vergessen anheimzugeben. Stattdessen wurde die zwischen 1940 und 1944 vom äußeren Feind geknechtete Nation beschworen – und mit ihr der Mythos, dass diese aus eigener Widerstandskraft und mit geschlossenen Reihen den Feind vertrieben, die Besatzung beendet und die Herrschaft des Rechts wiederhergestellt habe.

Dass die Verbrechen an den französischen Juden in der französischen Erinnerung der Nachkriegsjahre nur sehr marginal vorkamen, hat zweifelsohne auch damit zu tun, dass sie nicht zuletzt durch die Kollaboration der französischen Behörden möglich gemacht worden waren. Diese lange erfolgreich verdrängte Erinnerung rührte an das Selbstverständnis einer Nation, welche die Juden durch die Französische Revolution von 1789 zu gleichrangigen Bürgern gemacht hatte, und dies ohne Ansehen ihrer vom dominierenden Katholizismus sich unterscheidenden Religion – oder sollte man nicht besser sagen: lediglich unter Ansehen der religiös-kultischen Unterschiede und mit der Betonung, dass es andere Unterschiede ja gar nicht gebe?![14] Der Sündenfall des Vichy-Regimes – nicht nur gegenüber den jüdischen Bürgern Frankreichs, sondern auch gegenüber der eigenen Tradition –, den es im vorauseilenden Gehorsam gegenüber den deutschen Besatzern beging, machte die durch die Revolution garantierte Emanzipation der Juden ungültig und definierte diese nicht als Bürger, sondern als (fremdes) Volk – und da war es nur noch ein kleiner Schritt, von einer fremden »Rasse« zu sprechen.[15] Dieses Denken hat in Frankreich – trotz der revolutionären Emanzipation der Juden und trotz der beschworenen Universalität von Menschen- und Bürgerrechten – nicht erst seit Édouard Drumonts Buch *La France juive* eine lange Tradition. Diese Tradition riss nicht mit 1944 ab: Nachdem das Thema etwa zwei Jahrzehnte geradezu tabu war, brach es anlässlich einer Pressekonferenz Charles de Gaulles zum Sechstagekrieg auf, als der Präsident Israel und *die* Juden miteinander identifizierte.[16] Das war der Beginn dessen, was Henry Rousso zutreffend und nicht von ungefähr in Termini der Psychopathologie[17] als das inzwischen sprichwörtlich gewordene Vichy-Syndrom bezeichnete; dabei ist sein Buch *Le syndrome de Vichy* nicht nur eine treffliche Analyse des Phänomens der Verdrängung, sondern inzwischen auch Teil eines neuen Phänomens geworden, das Rousso selbst als eine geradezu obsessive Pflicht zur Erinnerung bezeichnet.[18]

Roussos Diagnose eines Syndroms infolge jahrelanger Verdrängung hat maßgeblich Pierre Noras Sprechen von Erinnerungsorten (*lieux de mémoire*) beeinflusst: Vichy ist zweifellos ein Erinnerungsort par excellence, insofern sich in diesem Topos die Dialektik von Tabuisierung und notwendiger Reflexion der in der Tradition von Jules Michelets *roman national* geschriebenen Geschichte Frankreichs verdichtet. Die Tabuisierung führte zur Verfestigung des Mythos, Vichy sei ein Fremdkörper der französischen Geschichte und Pétain habe ja letztlich nur Schlimmeres verhindert[19] – diese Sicht bestimmte bis in die frühen Siebzigerjahre den französischen Blick auf die *années noires*. Dies ist umso bemerkenswerter, als in diese Zeit, vor allem ab der Präsidentschaft de Gaulles, die deutsch-französische Wiederannäherung und schließlich Versöhnung fällt. Bemerkenswert ist diese Gleichzeitigkeit insofern, als sie bei näherer Betrachtung den Preis zeigt, den die Franzosen unter der Präsidentschaft de Gaulles für diese Versöhnung zu zahlen bereit waren: Charles de Gaulle, der während des Krieges den kompromisslosesten Widerstand gegen die deutsche Besatzung leistete, war im Vorfeld des Elysée-Vertrages zu Kompromissen bereit, die einer juristischen und gesellschaftlichen Reflexion über Verantwortung und Schuld Hohn sprachen. Dieses Paradox manifestierte sich zum einen in einer Geschichtspolitik, die im Namen der »France éternelle«[20]

das Vichy-Regime ausklammerte und die Sigmaringen-Episode des Winters 1944/45 auf ein groteskes Schauspiel reduzierte. Zum anderen jedoch zeigte es sich an den – vollstreckten – Todesurteilen gegen Pierre Laval, Robert Brasillach, Jean Luchaire, Fernand de Brinon und viele andere französische Kollaborateure; angesichts dieser Härte erstaunt die Milde gegenüber den Akteuren der deutschen Besatzung, deren Mitverantwortung für die Deportationen von Juden unbestritten ist. Otto Abetz' Haft wurde verkürzt, Karl Epting leitete Anfang der Sechzigerjahre ein Heilbronner Gymnasium und Friedrich Sieburg hatte nach kurzem Hausarrest in der französischen Besatzungszone längst seine zweite Karriere als Literaturkritiker und Journalist begonnen – die Charakterisierung, die Carl Zuckmayer über ihn in seinem *Geheimreport* für den amerikanischen Geheimdienst verfasste, zeigt die ganze Zerrissenheit dieses Mannes, der – ähnlich wie Gustaf Gründgens – für viele Intellektuelle der Weimarer Republik steht, die sich »auf der verschwommenen Grenze zwischen Nationalismus, Kritik des ›liberalen‹ Denkens und politischer Progressivität« bewegt hatten und dann den »Pakt mit dem Teufel«[21] eingingen. Und Gerhard Heller, der Zensor der Besatzungsmacht, arbeitete inzwischen als Verleger und Übersetzer und wurde kurz vor seinem Tode 1982 mit einem deutsch-französischen Übersetzerpreis geehrt.

Besonders irritierend ist die französische Milde gegenüber deutschen Kriegsverbrechern wie Helmut Knochen und Carl Oberg[22], die 17 Jahre nach Kriegsende und quasi am Vorabend der Unterzeichnung des Elysée-Vertrages nach Deutschland in die Freiheit entlassen wurden. Und ebenso irritierend ist die Unverfrorenheit, mit der deutsche Politiker in den Fünfziger- und Sechzigerjahren die französischen Urteile gegen deutsche Kriegsverbrecher als »Siegerjustiz« brandmarkten und ihre Bemühung um Entlassung deutscher Kriegsverbrecher aus französischer Haft als Eintreten für Recht und Gesetz ausgaben. Der Historiker Bernard Brunner hat diese beschämende Vor- beziehungsweise Parallelgeschichte der deutschfranzösischen Versöhnung in allen Details unter der Überschrift *Der Frankreich-Komplex* geschildert. In der Tat ist der deutsche Frankreich-Komplex eine Art Gegenstück zum französischen Vichy-Syndrom: Sowohl in Frankreich als auch in Deutschland wurde nach 1945 die Erinnerung an die Taten und das Versagen Angehöriger des eigenen Volkes an Traditionslinien ausgerichtet, die tief in die Geschichte der jeweiligen Auto- und Heterostereotypen hinabreichen. Französische Erinnerungspolitik stellte die Einheit der Nation in den Vordergrund[23], die keine anderen Opfer der äußeren Aggression kennt als die Nation selbst: Speziell der jüdischen Opfer zu gedenken,

steht unter dem Generalverdacht der Opferkonkur-
renz und somit der Bedrohung nationaler Einheit[24].
Gleichzeitig wird bis in die Neunzigerjahre die Aner-
kennung einer französischen Mitschuld an den während der Besatzungsjahren begangenen Verbrechen
als unvereinbar mit einem der ›nationalen Pädagogik‹
dienenden positiven Frankreich-Bild angesehen[25];
erst Präsident Jacques Chirac sprach wenige Wochen
nach seinem Amtsantritt im Juli 1995 anlässlich des
Gedenkens an die Deportationen von Pariser Juden
von der Verantwortung Frankreichs für dieses Verbrechen und wurde dafür in den eigenen (post-gaullisti-
schen) Reihen heftig kritisiert.[26]

Und deutsche Erinnerungspolitik? Ist nicht für
die ersten Nachkriegsjahre ein Schwanken zwischen
beredtem Schweigen und trotzigem »Es war ganz anders!« zu beobachten? Unter den deutschen Politi-
kern, die in der Adenauer-Zeit den Frankreich-Komplex prägten, ist vor allen anderen Ernst Achenbach
zu nennen: Er war während der deutschen Besetzung
von Frankreich in Otto Abetz' Botschaft für die Deportation von Juden nach Auschwitz zuständig und
mitverantwortlich[27] und machte nach dem Krieg eine Karriere als FDP-Politiker und Abgeordneter des
nordrhein-westfälischen Landtags, des Bundestags
und schließlich des Europaparlaments. Als Jurist sah
er seine Aufgabe in der Verteidigung von Kriegsver-

brechern; in seinem Vorwort zu Otto Abetz' Buch *Das offene Problem* lobt er »die moralische Größe dieses Mannes« und bescheinigt ihm – und damit sich selbst ebenso wie jenen, denen die Justiz Kriegsverbrechen vorwarf und die er juristisch beriet – »an dem Gedanken der so bitter notwendigen deutsch-französischen Verständigung festzuhalten«.[28] Achenbach arbeitete ganz offensichtlich an einer Art juristischer Dolchstoßlegende, wenn er 1951 schreibt: »Kann man ernsthaft von deutsch-französischer Verständigung reden, wenn einer der überzeugtesten Vorkämpfer dieser Verständigung, Otto Abetz, der Botschafter des Reichs in Paris während der Kriegszeit, heute noch in Haft gehalten wird?«[29]

Was sie mit dieser Verständigung meinten, hatten Otto Abetz und seine Entourage von 1940 bis 1944 deutlich gezeigt – dass sie meinten, es auch nach 1945 in aller Deutlichkeit demonstrieren zu müssen, zeugt sicherlich von mangelnder Selbstreflexion – um nicht das Wort Reue zu benutzen. Vor allem jedoch sind Achenbachs Aktivitäten zur Verhinderung der juristischen Ahndung von Kriegsverbrechen ein Symptom dafür, dass in der deutschen Öffentlichkeit die Sensibilität für eine solche Ahndung erst spät selbstverständlich wurde: Auch wenn es seit 1958 in Ludwigsburg die Zentrale Stelle der Landesjustizverwaltungen zur Aufklärung nationalsozialistischer Verbrechen gab, so gelang es Achenbach doch bis 1974, den sogenannten Überleitungsvertrag (dessen vollständige Bezeichnung »Vertrag zur Regelung aus Krieg und Besatzung entstandener Fragen« lautet und der im Mai 1952 abgeschlossen wurde) zu verhindern, der die Zuständigkeit der bundesdeutschen Behörden mit Blick auf nationalsozialistische Gewaltverbrechen auf eine neue Grundlage stellte und Beschränkungen der Justiz aufhob.[30] Erst seit den Siebzigerjahren ist die deutsche Erinnerung an nationalsozialistische Verbrechen, die während der deutschen Besetzung Frankreichs begangen wurden, enttabuisiert, was nicht zuletzt auf die Bemühungen von Beate und Serge Klarsfeld zurückzuführen ist.

Der deutsche Frankreich-Komplex – diese Mischung aus Verschweigen und trotzigem Pochen auf die Rechtmäßigkeit des eigenen Handelns[31] – ist einer deutsch-französischen Beziehung, ja Freundschaft gewichen, deren Betonung bisweilen die Züge einer »idéologie de la réconciliation«, einer Ideologie der Versöhnung annehme, schrieb vor wenigen Jahren der Journalist Georges Valance in einem bemerkenswerten Buch mit dem Titel *Petite histoire de la germanophobie*.[32] Bemerkenswert ist dieses 2013 im renommierten Verlag Flammarion erschienene Buch insbesondere deshalb, weil es vorgibt, die vermeintliche Abneigung der Franzosen gegenüber Deutschland zu analysieren – und diese gleichzeitig propagiert.[33] In der Tat täuscht die Überbetonung der guten deutsch-französischen Beziehungen – wahlweise mit der Metapher eines in die Jahre gekommenen Ehepaares oder eines mehr oder weniger geölten Motors – darüber hinweg, dass viele Deutsche gegenüber dem westlichen Nachbarland inzwischen eine wohlwollende Indifferenz zeigen, die sich auf den Vergleich von Wirtschaftsdaten beschränkt. In der Wahrnehmung vieler Deutscher beginnen die deutsch-französischen Beziehungen mit dem Elysée-Vertrag von 1963 und sind geradezu identisch mit deutsch-französischer Freundschaft. Was zuvor passierte, ist eher weniger bekannt – es ist historisiert, ›kalte‹ Geschichte und längst nicht mehr »heiße Erinnerung«[34].

Alter und neuer Antisemitismus:
Das giftige Erbe der »années noires«

Der deutsche Nachbar dient heute in Frankreich als Modell – manchen zur Orientierung und anderen zur Abschreckung. Vor allem aber sind für viele Franzosen die Konflikte der Dreißiger- und frühen Vierzigerjahre längst noch nicht historisiert, sondern stehen als »heiße Erinnerung« jederzeit dem Arsenal politischer Rhetorik zur Verfügung. Mit anderen Worten: An Pétain und am État de Vichy, an der Frage, ob es einen französischen Faschismus gegeben habe, am Verhältnis zum deutschen Nachbarn und schließlich auch an der Frage, wie französische Juden ohne Angst vor Bedrohung in Frankreich leben können, scheiden sich die Geister. Und dies beschränkt sich keinesfalls auf akademische Debatten: Vielmehr ist dies der Kontext, in dem sich die Hilflosigkeit von Politik und Gesellschaft gegenüber Demonstranten zeigt, die auf den Straßen von Paris im Jahr 2014 Juden den Tod wünschen und Synagogen angreifen. Dies ist der Kontext von Comedy-Veranstaltungen, auf denen der populäre Dieudonné M'bala M'bala unter dem Jubel zahlloser meist jugendlicher Zuschauer Pétain huldigt und behauptet, dieser sei weniger rassistisch gewesen, als es

François Hollande sei, um dann hinzuzufügen: »Ich kann mich wirklich nicht zwischen Juden und Nazis entscheiden – in dem Punkt bin ich neutral.«[1] Wer wie der damalige französische Premierminister diese aggressive Radikalität als »Islamo-Faschimus«[2] bezeichnet, sieht sich dem Vorwurf ausgeliefert, islamophob zu sein. Abgesehen vom logischen Kurzschluss dieses Vorwurfs ist die Opferrhetorik bemerkenswert, die sich mit ihm verbindet und die gleichzeitig eindeutig antisemitische Züge trägt.[3]

Der neue, aktuelle Antisemitismus ist sicherlich nicht vorschnell mit demjenigen der Dreißiger- und Vierzigerjahre zu identifizieren: War dieser Symptom eines rechtsextremen Nationalismus, so ist jener Ausdruck eines diffusen arabischen Nationalismus von Franzosen mit maghrebinischen Wurzeln. Es schließt sich indes ein unseliger Kreis mit Édouard Drumonts *La France juive* insofern, als *die* Juden und Israel als Ursache aller Übel dieser Welt genannt werden. In dieser Logik versicherte sich die von Pétain 1940 propagierte *Révolution nationale* der Unterstützung der Algerier und Marokkaner in den damaligen Kolonialgebieten, indem sie nämlich das Crémieux-Dekret von 1870 zurücknahm, durch das die etwa 35 000 in Algerien lebenden Juden zu französischen Staatsbürgern geworden waren. Es gibt darüber hinaus eine weitere Kontinuität von der Judenfeindschaft der Vierzigerjahre zum Antisemitismus unserer Tage, dessen Repräsentanten sich als Fürsprecher der palästinensischen Sache sehen und dabei ignorieren, dass die Ablehnung der Juden seitens vieler Moslems älter ist als die Gründung des Staates Israel. In seinem Buch *Für Prophet und Führer. Die Islamische Welt und das Dritte Reich* schildert David Motadel die Versuche der deutschen Propaganda bei der Eroberung Frankreichs im Sommer 1940, die Muslime Frankreichs auf die deutsche Seite zu ziehen: »Kommt zu den Deutschen, die den Muslimen noch nie etwas zuleide getan haben«, hieß es auf den Flugblättern, die in französischer und arabischer Sprache hinter den französischen Linien abgeworfen wurden.[4] Dies stand im Zeichen der deutschen Propagandainitiativen, die in den besetzten Ländern alles daran setzten, den Schulterschluss mit den Moslems zu suchen, und zwar durch die Identifizierung der Kriegsgegner des Deutschen Reichs mit *den* Juden:

> Heilige Texte wie der Koran und religiöse Konzepte wie der Dschihad wurden politisiert, um zu religiöser Gewalt gegen angebliche gemeinsame Feinde – or allem das Britische Empire, die Vereinigten Staaten, den Bolschewismus und das Judentum – aufzurufen.[5]

Dieser Schulterschluss zwischen deutschen Besatzern und Muslimen ist nach dem Ende des Nationalsozialismus nie wirklich reflektiert worden, wozu auch der kritische Umgang mit der Tatsache gehört hätte, dass der Großmufti von Palästina Mohammed Amin al-Husseini während seines Berlin-Aufenthaltes ab Herbst 1941 der SS beitrat; stattdessen konnte und kann sich der aus der nationalsozialistischen Propaganda herrührende Mythos verfestigen, dass es inhaltliche Übereinstimmungen gebe zwischen der arabisch-muslimischen Emanzipation von den westlichen Kolonialmächten und dem Krieg der Nationalsozialisten, wie sie deren Propaganda beschworen hatte: »Ihr wisst, dass Eure Feinde, die Juden, Engländer und Amerikaner, auch Deutschlands Feinde sind und dass Eure Hoffnung auf eine bessere Zukunft der arabischen Voelker auch die Hoffnung und das Ziel Deutschlands sind«, hieß es in einer Grußadresse (»Oh moslemische Freunde!«), welche das deutsche Konsulat in Tanger zum Opferfest im Jahr 1942 verbreiten ließ.[6] Gleichzeitig jedoch – und deshalb könnte man in Anlehnung an Simon Epsteins These von einem neuen französischen Paradox sprechen – verbindet sich der als Antizionismus[7] getarnte Judenhass mit dem Narrativ der Résistance in den Vierzigerjahren: Pierre-André Taguieff spricht von einem inzwischen islamisierten Mythos der Résistance und illustriert durch zahlreiche Beispiele, wie sich die Organisatoren pro-palästinensischer Demonstrationen einer geradezu pathetischen Résistance-Erinnerung bedienen, um diese als Vektor ihres nur notdürftig versteckten Judenhasses zu nutzen.[8]

Nicht nur der Mythos der Résistance wird erneut instrumentalisiert – es ist unübersehbar, dass fast 75 Jahre nach dem Ende von Krieg und deutscher Besatzung auch das, was eben durch dieses Ende diskreditiert zu sein schien, nämlich *Révolution nationale*[9] und Antisemitismus, in Frankreich ein latentes Arsenal an Begriffen und Haltungen bietet, die jederzeit aktualisiert und zu Positionen im Kampf um die Deutungshoheit über die Gegenwart ausgebaut werden können. In diesem Arsenal spiegeln sich alter und neuer Antisemitismus – und ihre Schnittmenge ist die irrlichternde Meinung, es gebe »den *einen* Verantwortlichen für alles persönliche, gesellschaftliche, globale Übel [...] für all dies den *einen* Schuldigen, den *einen* bereits schuldig Geborenen, der dann eben kein Mensch mehr ist, sondern ganz einfach der Jude«.[10] In dieser Reduktion aller Übel dieser Welt auf *den* Juden zeigt sich das antisemitisch-manichäische Weltbild als das verbindende Element zwischen dem Antisemitismus der Dreißiger- und Vierzigerjahre und jenem unserer Tage.

Hinsichtlich des Verhältnisses zum östlichen

Nachbarn steht dieses Arsenal interessanterweise nicht mehr zur Verfügung – und wird auch nicht mehr gebraucht, denn die Beziehungen zwischen beiden Ländern haben sich weitgehend entemotionalisiert; um die vermeintlichen Hegemoniebestrebungen Deutschlands anzuprangern, dient ein – im Fall von Jean-Luc Mélenchon – eher sektiererischer Rekurs auf die Bismarckzeit und das Trauma des Krieges von 1870.[11] Nach der Erfahrung von drei deutsch-französischen Kriegen ist es jedoch – nicht zuletzt durch den Paradigmenwandel der Beziehungen zwischen den beiden Ländern, der durch die Verständigungspolitik de Gaulles und Adenauers stattgefunden hat – offenbar weitgehend gelungen, den Mythos der Erbfeindschaft zwischen den beiden Ländern endgültig zu entzaubern und als chauvinistisches Konstrukt zu demaskieren. Mit der *germanophobie* verschwand in den vergangenen Jahrzehnten eine der beiden Obsessionen, die zunächst die *Action française* von Charles Maurras und schließlich den intellektuellen Diskurs der Zwischenkriegszeit in Frankreich bestimmt hatten; allerdings war bereits am Ende der Dreißigerjahre zu beobachten, dass im Zeichen des durch das Münchener Abkommen geprägten Pazifismus die traditionelle *germanophobie* zurückwich – um einem umso aggressiveren Antisemitismus Platz zu machen.[12] Es ist mehr als eine Farce, es ist eine tragische[13] Ironie der Geschichte, dass sich zu Beginn des 21. Jahrhunderts eine ähnliche Entwicklung wiederholt: Die Ablehnung gegenüber Deutschland – wie übrigens umgekehrt auch das antifranzösische Ressentiment deutscher Nationalisten – macht einer wohlwollenden Indifferenz Platz[14]; die Topoi, welche die Beziehungen beider Länder zwischen 1870 und 1945 bestimmten – die Fratze des Rassismus, das Konstrukt einer Erbfeindschaft und das Pathos eines Kampfes gegen finstere Mächte – gehören heute vielmehr zur Rhetorik sowohl der Islamisten als auch der identitären Nationalisten. Deren Schnittmenge ist die hasserfüllte Ablehnung der Juden und der vermeintlichen »République juive«; der Vektor ihres Antisemitismus ist die Leugnung der Shoah, die Robert Faurisson, Stichwortgeber der alten und jungen Nostalgiker des Vichy-Regimes, als Dienst am palästinensischen Volk bezeichnete.[15] Das giftige Erbe des Antisemitismus und der deutsch-französischen Kollaboration bei der Deportation von Juden aus Frankreich zwischen 1940 und 1944 steht 75 Jahre später hinter dem Paradox eines Schulterschlusses zwischen der aus der Fremdenfeindlichkeit geborenen Partei und denjenigen, denen, obwohl in Frankreich geboren, die Französische Republik und ihre Werte immer fremd geblieben sind. Die mit den Erinnerungsorten Vichy und Sigmaringen verbundene Vergangenheit entzieht sich in

Frankreich offenkundig der Historisierung; so werden die alten Dämonen unter der Maskerade eines sich revolutionär gebenden Antizionismus und in Verbindung mit dem Revisionismus der nationalen Geschichte zu einer Bedrohung für die Republik.

Schlussbetrachtung:
Wenn die Vergangenheit vergehen darf –
Vichy und Sigmaringen als Erinnerungsorte der
deutsch-französischen Beziehungen

In einer Zeit, in der Reden bereits als historisch bezeichnet werden, noch bevor der Redner sein Manuskript aus der Hand gelegt hat, und in der man sich angewöhnt hat, ein gerade erst abgeschlossenes Geschehen mit den Worten »Dies ist nun Geschichte« zu kommentieren, stellt sich die Frage, warum die Vergangenheit, die sich an den Namen Vichy und an den Begriff Kollaboration heftet – und die eine deutsch-französische Vergangenheit ist –, nicht vergeht.[1] Denn Vichy, ebenso wie Sigmaringen, ist alles andere als Geschichte, wenn deren Sache die Entzauberung ist – folgt man der Logik der Erinnerungsorte, wie sie Pierre Nora in der theoretischen Grundlegung seiner *Lieux de mémoire*, die nur teilweise ins Deutsche übersetzt wurden, skizziert[2]; die Erinnerungsorte Vichy und Sigmaringen sind eben nicht Geschichte, wenn damit die Historisierung und Relativierung, also die bewusste Auseinandersetzung, gemeint ist. Stattdessen wurden die Vichy-Jahre von Juni 1940 bis August 1944 von der französischen Erinnerungspolitik wie ein Fremdkörper betrachtet – und der Sigmaringer Winter 1944/1945 als eine groteske Episode oder ein Satyrspiel nach der Tragödie. Auf diese Weise wurde verfremdet und entschärft, mithin aus dem *roman national* der französischen Nationalgeschichte ausgegliedert, was nicht zu ihm passt.

Aber was passt denn in eine nationale Geschichte? Und was nicht? In seinem Buch *Frankreich gegen Frankreich* gibt Wolfgang Matz ein erhellendes Beispiel einer Erinnerungskultur, welche die Vergangenheit selektiv wahrnimmt und somit darüber entscheidet, was (und wer) zur nationalen Geschichte passe – und was (und wer) nicht; sein Beispiel bezieht sich auf die Gewaltfantasien gegenüber Léon Blum, dem verhassten Führer der von Moskau unabhängigen Linken und späteren Präsidenten der Volksfrontregierung:

> Das ist ein Mann zum Niederschießen, aber in den Rücken.« So kann jetzt einer über Blum sprechen; und auch so: »Feuer frei auf Léon Blum / Feuer frei auf Boncour, Frossard, Déat / Feuer frei auf die gelehrten Bären der Sozialdemokratie.« Der erste Satz stammt von Charles Maurras, der zweite von Louis Aragon; jener wird eingehen in die Vorhölle der Verräter Frankreichs, dieser in das Pantheon der großen Poesie. Was immer man bis heute anführen kann an ästhetischen, lyrischen, politischen Differenzierungen, warum Maurras' Worte dann doch noch schrecklicher seien als

die Aragons – es ist Teil der großen Lebenslüge vom Antifaschismus.«[3]

Ein halbes Jahr, nachdem Wolfgang Matz auf diese Diskrepanz aufmerksam gemacht hatte, erfuhr sie eine bizarre Bestätigung. Als nämlich der 150. Geburtstag von Charles Maurras in dem vom französischen Kulturministerium alljährlich herausgegebenen *Livre des commémorations nationales* (für das Jahr 2018) erwähnt wurde, rief dies heftigen Protest verschiedener Organisationen wie SOS Racisme oder der LICRA (Ligue internationale de la lutte contre le racisme et l'antisémitisme) hervor: Charles Maurras sei nicht würdig, dass man an seinen Geburtstag erinnere, argumentierte man und tat so, als ob Erinnern mit Feiern identisch sei und als ob die Person oder das Ereignis, woran man erinnere, durch die Erinnerung Legitimität bekomme.[4] Im Umkehrschluss bedeutet dies jedoch, dass man vergessen müsse, was nicht zum Bild passt, das man sich von seiner Geschichte macht. Die Reaktion der französischen Kulturministerin war übrigens eindeutig: Sie ließ sich vom Protest beeindrucken, das frisch gedruckte *Livre des commémorations nationales* einstampfen und ohne den Namen Maurras erneut drucken.[5]

Der »großen Lebenslüge vom Antifaschismus« (Wolfgang Matz) entspricht in der Tat das Paradox eines bewussten Vergessens »schlimmer Vergangenheit«: Der Althistoriker Christian Meier sieht in dem bewussten Vergessen-Wollen dessen, was sich nicht historisieren lässt, den Urgrund der Amnestie.[6] Was jedoch als Akt der Versöhnung gegenüber einzelnen Personen juristisch zwar heikel ist, ethisch indes bisweilen geboten zu sein scheint, ist in Bezug auf eine Epoche und die Erinnerung an sie äußerst fragwürdig: Mehr noch als der deutsche Frankreich-Komplex zeigt das Vichy-Syndrom, dass das bewusste Vergessen-Wollen der alten Dämonen des Antisemitismus und der dem Faschismus der Dreißigerjahre ähnelnden Feindschaft gegenüber der Republik fatal ist – denn die verbannten Dämonen kehren wieder. Die Milde gegenüber den Tätern aus den Kriegsjahren, welche die junge Bundesrepublik walten ließ, diente ganz bewusst der Integration der alten Eliten in das junge und fragile Gemeinwesen. Und die jahrzehntelange Beschwörung des Mantras, dass all die Stimmen und Kräfte, welche zwischen 1940 und 1944 im Namen und in der Sprache Frankreichs die Republik und ihre Werte zu vernichten drohten, eigentlich gar nicht zu Frankreich gehörten, sollte der Einheit der französischen Nation im Sinne ihres ersten Verfassungsartikels dienen. Allerdings blieb die Geschichte von Vichy auf diese Weise ein blinder Fleck des kollektiven Bewusstseins.

Der *unité nationale*[7] ist, ebenso wenig wie der Integration ehemaliger Täter, durch Beschwörung oder Tabuisierung gedient, sondern nur durch die permanente historische Analyse dessen, was die Republik schon einmal zu Fall gebracht hat und immer noch gefährdet: Die Vichy-Jahre und ihr Ende im Sigmaringer Schloss und in der Stadt sind keinesfalls lediglich eine operettenhafte Episode. Vielmehr bleiben Sigmaringen und Vichy, bleibt Vichy in Sigmaringen und die mit diesen Namen assoziierte Phase der deutsch-französischen Geschichte ein Menetekel der Bedrohung republikanischer Freiheiten – und eine Warnung vor denen, die eine Lösung gesellschaftlicher Probleme durch eine autoritäre Politik versprechen. Ähnlich wie Reims und seine Kathedrale, die aus einem Kristallisationspunkt eines scheinbar unüberwindbaren deutsch-französischen Gegensatzes zu einem Erinnerungsort der deutsch-französischen Beziehungen, ja Freundschaft wurde, können Vichy und Sigmaringen zu Orten werden, welche die »Überwindung des Geschehenen – bei gleichzeitiger Erinnerung daran«[8] ermöglichen.

Marc Bloch, der im Sommer 1940 die Eliten der III. Republik für die seltsame Niederlage verantwortlich gemacht hatte, schrieb drei Jahre später aus dem Untergrund: »Wann immer es gelungen war, den Franzosen ihr Vertrauen in die Republik zu nehmen, hatten sie jeden Enthusiasmus und jedes Feuer verloren, ließen sich bereits von der bloßen Vorstellung der Niederlage entmutigen«.[9] Hinter dieser Beobachtung Blochs steht zweifellos ein Appell, der sich 75 Jahre später an jede freie Gesellschaft richtet: Das Vertrauen in die eigenen Kräfte schließt die Kenntnis der eigenen Fehltritte und Irrungen nicht aus – ja womöglich ist diese Kenntnis gar die Conditio sine qua non jenes Vertrauens. Womöglich liegt hier der Ausweg aus dem Dilemma, das Henry Rousso kürzlich als die Konsequenz der belasteten und belastenden Erinnerung (»mémoire négative)[10] bezeichnete – dem Dilemma nämlich zwischen einerseits der Schlussstrichmentalität derer, die nur noch nach vorne schauen wollen, und andererseits der obsessiven Beschwörung einer Vergangenheit, die nicht vergehen darf. Durch den Schlussstrich werden die Dämonen der Vergangenheit allenfalls verdrängt; erst durch das bewusste Erinnern und Benennen von Schuld und Verantwortung werden sie gebannt – und erst dann darf die Vergangenheit vergehen.

Anmerkungen

Statt eines Vorworts:
Die Wiederkehr der Dämonen

1   »Je parle d'abord de ce qu'il y a en moi d'instinct profondément antigermaniste«, lautet der erste Satz von *L'Allemagne et nous. Déclaration de Charles Maurras à la Cour de Justice du Rhône les 24 et 26 janvier 1945*, Paris 1945.

2   Wenn im Deutschen vom französischen Savoir-vivre die Rede ist, ist meistens das gemeint, was Franzosen unter *art de vivre* verstehen.

3   Das Buch erschien 1999 im Suhrkamp-Verlag, 2017 in der Berliner Edition Europolis. Im Folgenden zitiere ich aus folgender Ausgabe: Markus C. Kerber, *Europa ohne Frankreich? Deutsche Anmerkungen zur französischen Frage*, Frankfurt/Main 1999.

4   In dem so überschriebenen Kapitel (a.a.O.S.79) heißt es: Die »Vergötterung der *grande nation*« sei »nichts anderes als der politische Narzissmus der Pariser Elite. Aber diesem Gebaren ein Ende zu setzen hängt ausschließlich von denen ab, in deren Namen Paris vorgibt zu handeln. Das Volk der Franzosen ist also gefordert.« (S.80). Man kann Kerber zwei Jahrzehnte vor dem Aufkommen des Begriffs »Populismus« ein gewisses Gespür dafür, das Volk gegen die Eliten auszuspielen, nicht absprechen. Damit reiht er sich in die Phalanx der Kritiker der III. Republik ein, die mit Charles Maurras »le pays réel« gegen »le pays légal« in Stellung brachten (vgl. u.Anm.88).

5   Eher holzschnittartig wird in *Der Frankreich-Blues. Wie Deutschland eine Freundschaft riskiert* (Hamburg 2017) von Georg Blume die deutsch-französische Entfremdung dargestellt, wobei der

Autor offenbar ohne jegliche historische Kenntnis des deutsch-französischen Verhältnisses in der ersten Hälfte des 20. Jahrhunderts auskommt. Dafür pflegt er Stereotype: Deutschland brauche Frankreich, weil »nämlich uns Deutschen die radikal freiheitliche und machtkritische Tradition der Pariser Intellektuellen im demokratischen Alltag noch immer fehlt« (S. 117). Diese Sätze fallen im Zusammenhang eines Interviews mit Alain Finkielkraut, dessen Warnungen, so Blume, vor »der Überfremdung [sic!] der europäischen Gesellschaft« in Deutschland ignoriert würden.

6   Kerber, a. a. O., S. 47.

7   »Wenn die Franzosen bis heute keine Justizreform gefordert haben, so deshalb, weil sie gar nicht wissen, was Rechtsstaatlichkeit ist.«, a. a. O., S. 42.

8   Teil 2 des Buches von Kerber ist folgendermaßen überschrieben: »Bei der Stabilität hört die Freundschaft auf. Wird im Kampf um die Währungsunion die Beschwörung der deutsch-französischen Freundschaft endlich einer Realpolitik weichen?«; a. a. O., S. 106.

9   Emmanuel Todd, *Traurige Moderne. Eine Geschichte der Menschheit von der Steinzeit zum Homo americanus*, München 2018.

10 A. a. O., S. 500.

11 S. 500; Todd zieht Verbindungslinien zwischen seiner Anthropologie der Jungsteinzeit und aktuellen politischen Fragen, die seine Theorie kaum noch seriös erscheinen lassen: »Manches in der abenteuerlichen Migrationspolitik der deutschen Führungsschicht passt zu Deutschland: So sind Maßlosigkeit und Hybris etwas sehr Deutsches. [...] Die Frage ist, warum bestimmte Führungsschichten mit der Stammfamilie als anthropologischem Hintergrund manchmal unvernünftig werden, völlig den Kopf verlieren und der Maßlosigkeit anheimfallen.« a. a. O., S. 501.

Einleitung

1 Über die Vichy-Regierung in Sigmaringen hat Otto Becker zahlreiche Studien veröffentlicht; vgl. u.a. »›Ici la France‹: die Vichy-Regierung in Sigmaringen 1944/45«, in: *Hohenzollern*, Stuttgart 1996, S. 428–446; »Zur Überlieferung der deutschen Botschaft in Sigmaringen«, in: Landesarchiv Baden-Württemberg/Sondernummer September, Stuttgart 2005, S. 23; »Neue Beiträge zur Geschichte der Stadt Sigmaringen während des Aufenthalts der Vichy-Regierung 1944/45«, in: *Zeitschrift für hohenzollerische Geschichte*, 47/48 = 132/133, Sigmaringen 2011/2012, S. 263–303.

2 Corinna Franz, *Fernand de Brinon und die deutsch-französischen Beziehungen 1918–1945*, Bonn 2000, S. 333.

3 Auch Louis-Ferdinand Céline sowie Lucien Rebatet wurden nach ihrer Verurteilung zum Tode begnadigt – und im Nachkriegsfrankreich wegen ihrer Romane ausgezeichnet; ihren aggressiven Antisemitismus verbreiteten sie weiterhin.

4 »Otto Abetz konnte sich das Image des ›kultivierten Nazis‹ zulegen, obwohl er die nationalsozialistische Politik in Frankreich konsequent exekutierte. Zu diesem Ergebnis kommt jedenfalls die Abetz-Monographie, die Barbara Landauer bei Fayard in Paris vorgelegt hat.« Lothar Baier in einer Besprechung zu Barbara Lambauer, *Otto Abetz et les Français ou l'envers de la collaboration*, Paris 2001, in: {http://www.deutschlandfunk.de/barbara-lambauer-otto-abetz-et-les-francais-ou-l-envers-de.730.de.html?dram:article_id=101767}, letzter Zugriff am 22. Juli 2017.

5 In seinem Buch *In einem besetzten Land. NS-Kulturpolitik in Frankreich. Erinnerungen 1940–1944* (Köln 1982) beschreibt Gerhard Heller seine Sicht der Besatzungszeit, die er als Zensor im Rang eines Leutnants an der deutschen Botschaft in Paris verbrachte; das französische Original ist ein Jahr zuvor in den Éditions du Seuil in Paris unter dem Titel *Un Allemand à Paris* erschienen.

6 Als jüngere Beispiele seien folgende genannt: die am 25. April

1998 im deutschen Fernsehen (Südwest 3) ausgestrahlte Sendung *Als Paris an der Donau lag – Das Vichy-Regime in Sigmaringen* {http://www.landesarchiv-bw.de/plink/?f=1-646721}, letzter Zugriff 12.02.2019, sowie die von Serge Moati konzipierte ARTE-Sendung *Sigmaringen, Hauptstadt Frankreichs / Sigmaringen, le dernier refuge* vom 29. August 2017.

7 »Die Methode der Gedächtnisgeschichte fragt nicht danach, wie es eigentlich gewesen, sondern danach, wie es erinnert wurde, das heißt wann, warum, von wem, für wen, in welchen Formen diese Vergangenheit wichtig wurde«, schreibt Jan Assmann (in: ders., *Exodus. Die Revolution der Alten Welt*, München 2015, S. 55); und dies gilt selbstverständlich auch in der Negation: Warum etwas nicht oder nur auf eine bestimmte Weise erinnert wurde, ist ebenso aufschlussreich.

8 Im Juli 1949 zu 20 Jahren Zwangsarbeit verurteilt, konnte Abetz bereits im April 1954 das französische Gefängnis verlassen und arbeitete fortan als Journalist in Essen. Am 5. Mai 1958 starb er bei einem Autounfall: »Bei dem kurz zuvor als Geschenk von einem Franzosen überreichten VW-Käfer hatte plötzlich die Lenkung versagt.« Lothar Baier, »Hitlers Pariser Softie. Skrupelloser Kleptomane. Otto Abetz, Botschafter im nazibesetzten Frankreich, soll ein naiver Frankophiler gewesen sein, behauptet die Legende – neue Erkenntnisse widerlegen sie gründlich«, in: {https://www.freitag.de/autoren/der-freitag/hitlers-pariser-softie}, letzter Zugriff am 22. Juli 2017.

9 Friedrich Sieburg, in: *Frankfurter Allgemeine Zeitung,* vom 19. November 1957, vgl. Friedrich Sieburg, *Abmarsch in die Barbarei. Gedanken über Deutschland*, hrsg. von Klaus Harpprecht, Stuttgart 1983, S. 372.

10 »Die Staatsmänner verbanden mit Reims zwei wesentliche Elemente, die als die moralischen und politischen Leitlinien dieses Treffens bezeichnet werden könnten. Einerseits konnte die Stadt der symbolische Ort der Versöhnung werden, wenn das historische Geschehen nicht mehr als Menetekel beschworen, sondern als gemeinsame Erinnerung und Aufforderung zu nachbarschaftlicher Zusammenarbeit wahrgenommen wurde. Andererseits vermochten de Gaulle und Adenauer zu nutzen, dass ihre christliche Weltanschauung sie verband.« Thomas W. Gaethgens, *Die brennende Kathedrale. Eine Geschichte aus dem Ersten Weltkrieg*, München 2018, S. 271.

11   Ders., a. a. O., S. 272.

12   »L'incompréhension du présent naît fatalement de l'ignorance du passé. Mais il n'est peut-être pas moins vain de s'épuiser à comprendre le passé, si l'on ne sait rien du présent.« Marc Bloch, »Apologie pour l'histoire ou le métier de l'historien«, in: *Cahier des Annales* N° 3, Paris 1964, S. 13–14.

Idealisierung, Dämonisierung und Ressentiment –
zur Vorgeschichte der Kollaboration

1   Vgl. Clemens Klünemann, »›Eiserner Kanzler‹ und ›Grande Nation‹. Selbst- und Fremdwahrnehmungen in den deutsch-französischen Beziehungen, in: Bundeszentrale für politische Bildung (Hg.), *Aus Politik und Zeitgeschichte*, 1–3 (2013), S. 9–16.

2   Hanna Milling zeigt in ihrer Studie über das Fremde im Spiegel des Selbst die Interdependenz von Auto- und Heterostereotypen: Hanna Milling, *Das Fremde im Spiegel des Selbst. Deutschland seit dem Mauerfall aus Sicht französischer, italienischer und spanischer Deutschlandexperten,* Berlin 2000.

3   In mehreren Gesprächen, denen ich beiwohnte, äußerte sich Alfred Grosser dementsprechend: »Die Franzosen möchten von den Deutschen respektiert werden, aber die Deutschen werden die Franzosen nie respektieren. Und die Deutschen wollen von den Franzosen geliebt werden, aber die Franzosen werden die Deutschen nie lieben.«

4   Michael Jeismann, *Das Vaterland der Feinde. Studien zum nati-*

onalen Feindbegriff und Selbstverständnis in Deutschland und Frank-
reich 1792–1918, Stuttgart 1992, S. 267.

5 Heinrich von Treitschke, »Parteien und Fractionen«, in: Preußische Jahrbücher 27 (1871), S. 175.

6 Am 18. August 1870, mitten in der Krise um die spanische
Thronbesetzung durch den Sigmaringer Hohenzollern-Fürsten
Leopold, schrieb Ernest Renan an David Friedrich Strauss: »Es
ist ein großes Übel für die Welt, dass Frankreich Deutschland nicht
versteht und dass Deutschland Frankreich nicht versteht. Dieses
gegenseitige Unverständnis füreinander wird noch größer werden.«
Ernest Renan, *La réforme intellectuelle et morale,* Paris 2011 (1872),
S. 144 (Übersetzungen, wenn nicht anders angegeben, der Autor).

7 In der ersten der *Unzeitgemäßen Betrachtungen* (»David
Strauss. Der Bekenner und der Schriftsteller«; 1873) warnt Friedrich
Nietzsche davor, den Sieg von 1871 »in eine völlige Niederlage zu
verwandeln: in die Niederlage, ja Extirpation des deutschen Geistes
zugunsten des ›deutschen Reiches‹«, in: Friedrich Nietzsche, *Werke in*
drei Bänden, hrsg. von Karl Schlechta, München 1966, Band I, S. 137.

8 Heinrich von Treitschke, »Unsere Aussichten«, in: Preußische
Jahrbücher 44 (1879), S. 576.

9 In diesem Zusammenhang sei an den Aufruf »An die Kulturwelt!« vom 4. Oktober 1914 erinnert, in dem 93 deutsche Persön-
lichkeiten die deutsche Kriegsführung durch ihre Unterschrift un-
terstützten und guthießen; vgl. dazu Jürgen von Ungern-Sternberg,
Wolfgang von Ungern-Sternberg, *Der Aufruf an die ›Kulturwelt!‹.*
Das Manifest der 93 und die Anfänge der Kriegspropaganda im Ersten
Weltkrieg, Stuttgart 1996.

10 Als er nämlich feststellt, dass »der Franzose kein Rassenbewußt-
sein und keinen Rasseninstinkt« habe und »die rein blutsmäßige
Abwehrreaktion des Deutschen und des Angelsachen gegen die far-
bigen Rassen« nicht verstehe; Ernst Robert Curtius, *Die französische*
Kultur, Bern/München, 1930, S. 48.

11 Ebd.

12 Westen hier im Sinne von Heinrich August Winklers vierbändigem Werk *Geschichte des Westens*, München 2009.

13 André Gide, *Journal 1889–1839*, Paris 1951, S. 1023.

14 Vgl. Heinz-Otto Sieburg (Neffe von Friedrich Sieburg), *Deutschland und Frankreich in der Geschichtsschreibung des 19. Jahrhunderts*, Stuttgart 1958, S. 93.

15 Und zwar in der Revue *Le Parthénon* vom 5. November 1913: »Ich werde zeigen, dass Beethovens Herkunftsgebiet für mich niemals deutsch gewesen ist. [...] Für mein Frankreich verzichte ich keinesfalls auf das linke Rheinufer.«

16 Ernst-Robert Curtius, a. a. O., S. 20.

17 So lautet der Titel des Schlusskapitels von Curtius' *Die französische Kultur.*

18 Ernst Robert Curtius, *Verständigung? Offener Brief an einen Franzosen,* in: Frankfurter Zeitung, 14. November 1925.

19 Ernst Robert Curtius, *Die französische Kultur,* a. a. O., S. 176.

20 »Denn für mich – und darin bin ich echt deutsch – ist das Politische kein oberster Wert, und seine Verabsolutierung [...] finde ich zwar grandios, aber auch antipathisch.« Ernst Robert Curtius in einem Brief an Carl Schmitt vom Dezember 1921, zit. nach: Ernst Robert Curtius, *Elemente der Bildung*, hrsg. v. Ernst Peter Wiekenberg und Barbara Picht, München 2017, S. 360.

21 Pierre Viénot, *Ungewisses Deutschland. Zur Krise seiner bürgerlichen Kultur*, Bonn 1999, S. 182. Im Original lautet die Passage wie folgt: »Le dynamisme allemand s'élance sur toutes les voies qui paraissent y conduire, convictions morales ou conquêtes matérielles, communisme ou expansion industrielle – mais aveuglement [...] C'est la fuite en avant, avec une volonté née de l'angoisse, violente et incertaine, rompue par des chutes, surexcitée par des rebondissements subits.« Pierre Viénot, Incertitudes allemandes, Paris 1931, S. 117.

22 Klaus Deinet, *Friedrich Sieburg. Ein Leben zwischen Frankreich und Deutschland*, Berlin 2014, S. 248.

23 Der Begriff, auch in seiner französischen Version (»Locarno intellectuel«), geht auf eine Forderung Heinrich Manns während seines Paris-Aufenthalts 1927 zurück; vgl. Hans Manfred Bock, *Kulturelle Wegbereiter politischer Konfliktlösung. Mittler zwischen Deutschland und Frankreich in der ersten Hälfte des 20. Jahrhunderts*, Tübingen 2005, S. 365.

24 Vgl. F. Sieburgs Tagebucheintrag vom 14. Dezember 1944, in dem er sich auf die Entstehungszeit von *Es werde Deutschland* bezieht (in: Klaus Deinet, a.a.O., S. 249 ff.).

25 »Zum Prinzip der Rasse greifen heißt sich der Verpflichtung entziehen, die im Wesen der Nation liegt.« Friedrich Sieburg, *Es werde Deutschland*, Frankfurt/Main 1933, S. 275.

26 So lautet die entsprechende Kapitelüberschrift in Klaus Deinets Sieburg-Biografie über die Jahre 1940–1943; mit Otto ist Otto Abetz gemeint.

27 Vgl. dazu Klaus Deinet, a.a.O., S. 493/494.

28 »An der Spitze der Zivilisation zu marschieren oder, deutlicher gesagt, diese mit der in Frankreich heimischen Gesittung gleichzusetzen, ist die bescheidenste Forderung der Franzosen«, spöttelte Friedrich Sieburg in *Gott in Frankreich?*, Frankfurt 1929, S. 202.

29 Friedrich Sieburg, *Es werde Deutschland*, Frankfurt/Main 1933, S. 72.

30 Ebenda S. 291.

31 Hans Manfred Bock, *Kulturelle Wegbereiter politischer Konfliktlösung: Mittler zwischen Deutschland und Frankreich in der ersten Hälfte des 20. Jahrhunderts*, Tübingen 2005.

32 Vgl. dazu sowie zu den folgenden Zitaten: Édmond Vermeil, *L'Allemagne et les démocraties occidentales. Les conditions générales des relations franco-allemandes*, in: Fondation Carnegie pour la Paix Internationale, Bulletin 1931/Heft 1, S. 1–19; hier S. 13 ff.

33 Édmond Vermeil, *Essai d'explication* (1940), Paris 1945, S. 380.

34 »›Schon die Unterteilung der deutschen Kunst in eine apollinische und eine dionysische Richtung stammt nicht von uns und ist meines Erachtens nicht hilfreich‹, sagt Andreas Beyer, Direktor des Forums [gemeint ist das Deutsche Forum für Kunstgeschichte in Paris; C. K.]; sie sei vom Louvre ohne Rücksprache vorgenommen worden. Es geht hier also um mehr als den üblichen langweiligen Krach unter Kuratoren: Der Louvre, so der Vorwurf, habe aus dem Material, das das deutsche Forum lieferte, seine eigene Geschichte Deutschlands gebastelt – und diese Geschichte bestätigt alle Klischees des romantisch-fremden, gefährlich dunklen Nachbarlandes.« Niklas Maak, in: *FAZ* vom 8. April 2013.

35 Norbert Elias, *Über den Prozeß der Zivilisation. Soziogenetische und psychogenetische Untersuchungen*, Band 1: »Wandlungen des Verhaltens in den weltlichen Oberschichten des Abendlandes«, Frankfurt/Main 1976, S. 38.

36 Roland Ray, *Annäherung an Frankreich im Dienste Hitlers? Otto Abetz und die deutsche Frankreichpolitik 1930–1942*, München 2000, S. 45.

37 »Là où l'Occident a été grand, il l'a été grâce à l'équilibre harmonieux de la force germanique et de la forme latine.« Otto Abetz, »À la recherche de l'Occident«, in DFM, Januar/Februar 1935, S. 116.

38 Vgl. Sebastian Liebold, *Kollaboration des Geistes. Deutsche und französische Rechtsintellektuelle 1933–1940*, Berlin 2012, S. 231.

39 Jouvenel spricht von »le régime nouveau de la France et de l'Europe«; vgl. S. Liebold, a. a. O., S. 232.

40 Klaus Kellmann, *Dimensionen der Mittäterschaft. Die europäische Kollaboration mit dem Dritten Reich*, Wien 2019, S. 123.

41 Siehe unten Kap. 3.

42 Friedrich Sieburg, *Es werde Deutschland*, Frankfurt 1933, S. 64.

43 Ders., »Deutschland und Frankreich«, in der *Neuen Rundschau* 42 (1931); vgl. auch: Klaus Harpprecht, a. a. O., S. 40.

44 Friedrich Nietzsche, *Zur Genealogie der Moral,* »Erste Abhandlung: ›Gut und Böse‹, ›Gut und Schlecht‹«, in: ders., *Studienausgabe in vier Bänden,* hrsg. von Hans Heinz Holz, Frankfurt/Main 1968, Band 4, S. 45.

Eine seltsame Niederlage im Sommer 1940: Die III. Französische Republik erliegt ihrer inneren Zerrissenheit

1 »La guerre éclate, dans cinq ans. La France et l'Allemagne se ruent l'une sur l'autre. La France seule serait battue.« Pierre Drieu la Rochelle, *Socialisme fasciste*, Paris 1934, S. 162.

2 »[...] jeune Juif, comme tu donnes bien ton sang à notre patrie«, schreibt Pierre Drieu La Rochelle vier Jahre nach dem Ende des Ersten Weltkriegs gleichsam als Hommage an die jüdischen Soldaten, die für Frankreich gekämpft haben; in: ders., *Mesure de la France*, Paris 1922, S. 13.

3 1938 spricht Pierre Drieu la Rochelle von »cette bande de Juifs de plus en plus nombreux, arrogants, étourdis et rapaces qui, avant la catastrophe finale du régime, tiennent à passer par tous les postes et toutes les places«, ders., in: *L'Émancipation nationale*, Artikel unter dem Titel »Notre faiblesse est la faiblesse des autres« in der Ausgabe vom 26. März 1938.

4 »Es ist tragisch, daß Frankreich, ein friedliebendes, bürgerliches und abendlich beschauliches Land, nicht mehr imstande ist, politische Formen zu erzeugen, die dem Humanitätsideal der neuen Zeit entsprechen«, schreibt Sieburg am 27. 08. 1928 in der *Frankfurter Zeitung.*

5 1934 pries Drieu la Rochelle die Gewalt als etwas, was den Faschisten vom Traditionalisten trenne (»Un monarchiste n'est jamais un moderne: il n'a point la brutalité, le simplisme barbare d'un moderne«); ders., »Verra-t-on un parti national et socialiste?«, in: *La Lutte des jeunes*, N° 2 vom 4. März 1934; und in seiner *Chro-*

nique politique beschreibt er die faschistische Ideologie als »une nouvelle explication du monde, vigoureuse, brutale comme celle dont ont toujours besoin les hommes«, in: *Chronique politique 1934–1942*, Paris 1963, S. 69.

6 »Oui, il y a beaucoup de socialisme en fermentation dans le monde fasciste. [...] C'est le socialisme non-marxiste [sic], qui se réveille à travers le fascisme – aussi bien à Berlin qu'à Rome«, schreibt Pierre Drieu la Rochelle in *Socialisme fasciste,* Paris 1934, S. 204/205.

7 Georges Sorel, *Über die Gewalt,* Innsbruck 1928, S. 87.

8 »C'est là [dans les milieux de jeunes radicaux et de jeunes socialistes ou communistes] que vivent déjà la tradition jacobine, voire césarienne, et la tendance syndicaliste ou socialiste, qui sont à la base de tout fascisme et qui mettent ces clans en communication inconsciente et spontanée avec le courant européen du fascisme. Le fascisme est toujours parti de la gauche«, schreibt Pierre Drieu la Rochelle in der Ausgabe vom 4. März 1934 der Zeitschrift *La Lutte des jeunes.*

9 »L'affaire Dreyfus avait tourné à leur [gemeint sind die Juden; C. K.] avantage. Notre pays de rêveurs les avait admis comme des égaux. Ils en ont profité pour devenir nos maîtres. Et avec quelle insolence.« Jacques Doriot in einem Artikel der Zeitschrift *Le Cri du peuple* vom 21. Oktober 1940 (also wenige Tage, nachdem die Vichy-Regierung ihr antisemitisches »Judenstatut« veröffentlicht hatte) unter der Überschrift »Le statut des Juifs«.

10 »[...] la révolte fasciste est aussi une révolte de jeunesse. Elle se lève contre ›une philosophie qui fut jeune il y a deux siècles‹ – le ›vieux rationalisme du dix-huitième‹«, schreibt Zeev Sternhell (in: *La droite révolutionnaire. Les origines françaises du fascisme 1885–1914,* Paris 1978, S. 407) unter Bezug auf Drieu la Rochelles *Chronique politique, 1934–1942.*

11 In seinem 1981 erschienenen Buch *Un Allemand à Paris* (die deutsche Übersetzung erschien ein Jahr später unter dem Titel

In einem besetzten Land. NS-Kulturpolitik in Frankreich – Erinnerungen 1940–1944) gibt Gerhard Heller die Innenansicht dieser Verbindungen; Heller, im Rang eines »Sonderführers«, war für die Zensur französischer Veröffentlichungen im besetzten Paris zuständig; s. u. Kap. 4.

12 Charles Maurras' Artikel im *Le Petit Marseillais* vom 9. Februar 1941 trug den Titel »La divine surprise«.

13 »[...] und Deutschtum, das Kultur, Seele, Freiheit, Kunst und *nicht* Zivilisation, Gesellschaft, Stimmrecht, Literatur«: In seinen *Betrachtungen eines Unpolitischen* (Frankfurt 1983, S. 23) sagt Thomas Mann das Gleiche – über Deutschland!

14 Vgl. die kürzlich erschienene Studie *Der erste Stellvertreter. Papst Pius XI. Und der geheime Pakt mit dem Faschismus* von David I. Kertzer, Darmstadt 2016, insbesondere das Kapitel 23 »Der geheime Handel«, S. 311 ff.

15 Das Wort ist nicht zu stark: Als Charles Maurras 1945 wegen Hochverrats verurteilt wurde, kommentierte er das Urteil mit den Worten: »Das ist Dreyfus' Rache!«

16 Carl Schmitt, *Politische Romantik* (1919/1925), München ⁶1998, S. 10.

17 »Ni la Révolution, ni le romantisme français ne s'expliquent sans cette préalable division des consciences que la Réforme nous imposa.« Charles Maurras, »Protestantisme et Protestants« (1906), in: ders., *La politique religieuse*, Paris 1912, S. 46.

18 In seiner 1924 erschienenen *Enquête sur la monarchie*; vgl. dazu auch das 1981 erschienene Buch *La voix du pays réel* von Pierre Château-Jobert, dessen Autor den Gedanken Maurras' eine Renaissance zu bereiten versucht.

19 Die Unterscheidung zwischen dem vermeintlich wahren Frankreich und dem der (abzulehnenden) Eliten entspricht einem durch den Front National immer wieder und auch im Präsidentschaftswahlkampf gegen Emmanuel Macron aktualisierten Topos; auch das Phänomen der Gelbwesten (gilets jaunes) im Winter 2018/2019 erklärt sich u. a. aus dieser Unterscheidung. Dabei ist der in diesem Zusammenhang häufig benutzte Begriff Populismus durchaus umstritten; vgl. dazu Annie Collovald, *Le »Populisme du FN«, un dangereux contresens* (Vulaines sur Seine 2004), insbesondere S. 55 ff.

20 Vgl. Charles Maurras, *La démocratie religieuse*, Paris 1921, S. 200.

21 In der Zeitschrift *Action française* vom 3. September 1942 schrieb Maurras: »On appelait pays légal, le pays fictif composé de censitaires qui seuls étaient élus ou éligibles quand le pays réel ne votait pas«; und in der Einführung in sein Buch *Enquête sur la monarchie (1900–1909)* (Paris 1924) definierte er das wahre Frankreich als »le pays réel comme le pays qui travaille et ne politique pas«.

22 In seiner Denkschrift *Zur Geiselfrage*, die Ernst Jünger ab 1941 verfasste, macht er immer wieder, wenn auch nicht expressis verbis, auf diesen Zusammenhang aufmerksam: Ernst Jünger, *Zur Geiselfrage. Schilderung der Fälle und ihrer Auswirkungen,* hrsg. von Sven Olaf Berggötz, Stuttgart 2011; vgl. insbesondere S. 47 sowie S. 98. Diese Denkschrift Jüngers liegt dem beeindruckenden Film *La mer à l'aube* zugrunde, der 2011 in der Regie von Volker Schlöndorff entstand.

23 »In der ersten Hälfte des 20. Jahrhunderts definieren sich der deutsche und der französische Nationalismus als Negation des Anderen [sic], d. h. auf antagonistische Weise.« Hans Manfred Bock, »Traditionalisme, passéisme, protofascisme. Perceptions de Charles Maurras en Allemagne«, in: Olivier Dard/Michel Grunewald (Hg.), *Charles Maurras et l'étranger, l'étranger et Charles Maurras*, Bern/Berlin 2009, S. 358.

24 »[...] la société étant un organisme«; Charles Maurras, *Mes idées politiques*, Albatros, Paris 1993; S. 205. Vgl. (auch zum Folgenden) Sternhells Buch *Les Anti-Lumières*, S. 476 ff.

25 Ebenda, S. 237 ff. In seinem Buch *Les anti-Lumières. Du XVIIIe siècle à la guerre froide*, Paris 2006 (vgl. S. 439 ff.) analysiert Zeev

Sternhell die Schriften Oswald Spenglers und Charles Maurras' als Symptome einer Zivilisationskrise am Beginn des 20. Jahrhunderts.

26 Das französische Wort *déclinisme* übersetzt man wohl am besten mit Demokratie- und Republikmüdigkeit – wobei der *déclinisme* die Schuldigen des wirtschaftlichen Niedergangs (*déclin*) genau kennt und benennt: »Die da oben«, das »Establishment«, das »System« oder »die« Politiker.

27 Diese Formulierung stammt aus der Verordnung vom 9. August 1944, in der es um die Wiederherstellung der republikanischen Legalität ging (Ordonnance du 9 août 1944 relative au rétablissement de la légalité républicaine sur le territoire continental); zitiert nach: Jean Lacouture, *Charles de Gaulle*, tome I: *Le rebelle 1890–1944*, Paris 1984, S. 834.

28 In seinem Buch *La fin de la IIIe République* (Paris 1968) analysiert Emmanuel Berl ausführlich die »démission [Abdankung, Rücktritt] de la République«; vgl. das gleichnamige Kapitel ab S. 135. Berl war in den ersten Wochen des Vichy-Regimes Redenschreiber Pétains, zog sich dann aber ins Privatleben zurück.

29 Marc Bloch, *L'étrange défaite. Témoignage écrit en 1940*, Paris 1990; die deutsche Übersetzung erschien 1992 unter dem Titel *Die seltsame Niederlage. Frankreich 1940 – Der Historiker als Zeuge* mit einem Vorwort von Ulrich Raulff.

30 Manuel Chaves Nogales, *L'agonie de la France,* Paris 2013 (erschienen im spanischen Original unter dem Titel *La agonía de Francia*, Montevideo 1941); Pertinax (André Géraud), *Les Fossoyeurs*, Paris 1943.

31 Pierre Birnbaum bezieht sich mit seinem Buch *Un mythe politique: »la République juive«* (Paris 1988) auf das 1886 erschienene Buch *La France juive* von Edmond Drumont, das als eine der ›Gründungslegenden‹ des französischen Antisemitismus gilt.

32 In seinem Vorwort zur deutschen Ausgabe von Blochs *L'étrange défaite* weist Ulrich Raulff auf die Besorgnis hin, mit der Marc Bloch wahrnahm, in welchem Maß der Antisemitismus der Zwischen-kriegszeit das Vertrauen der Franzosen jüdischen Glaubens in die bürgerliche Gesellschaft erschüttern musste. (a.a.O. S. 10); vgl. zu dieser Thematik auch Avi Primors Roman *Süß und ehrenvoll*, Köln 2013.

33 So charakterisiert sie Sebastian Haffner (»Die Pariser Kommune. Das Massaker an der Pariser Kommune bedeutet für die Weltrevo-lution dasselbe wie Golgatha für das Christentum«, in: ders., *His-torische Variationen*, Stuttgart 1985, S. 83–134, hier S. 111); Haffner bezeichnet Alexis de Tocqueville (»Ein konservativer Staatsdenker und also gewiß ein unverdächtiger Zeuge«) als einen einflussreichen *spiritus rector* der Pariser Kommune (a.a.O., S. 115).

34 Womöglich liegt genau darin der »Fluch, den die[se] bürger-liche Welt mit der Ausrottung der Kommune auf sich gezogen hat« (Sebastian Haffner, a.a.O., S. 134).

35 »Plus que jamais je crois avec Michelet, mais aussi avec Mgr le Comte de Chambord – le dernier de nos rois Bourbons – que le plus grand malheur des Français fut assurément de se diviser sur une Révolution qui aurait dû les réunir.« Georges Bernanos, *Essais et écrits de combat*, Paris 1971/1985, Bd. 2, S. 985f.

36 »Es gibt zwei Kategorien von Franzosen, die nie die Geschichte Frankreichs begreifen werden«, schreibt Bloch hinsichtlich der in zwei Lager geteilten französischen Bevölkerung: »diejenigen, wel-che sich von der Erinnerung an die Königsweihe von Reims nicht an-rühren lassen, und diejenigen, welche den Bericht über das Bundes-fest [von 1790; C. K.] ohne innere Anteilnahme lesen.« Marc Bloch, *Die seltsame Niederlage*, S. 222.

37 »Die Welt gehört denen, die das Neue lieben. Unsere militä-rische Führung aber erwies sich unfähig, diesem Neuen, als sie ihm konfrontiert wurde, etwas entgegenzusetzen. Sie hat die Niederlage nicht bloß erlitten […] sie hat sie akzeptiert.« Marc Bloch, *Die selt-same Niederlage*, S. 175.

38 Am 25. August 1944, am Tag der Befreiung von Paris, rief de Gaulle der vor dem Pariser Rathaus versammelten Menge zu: »Paris, Paris outragé, Paris brisé, Paris martyrisé, mais Paris libéré ! Libéré par lui-même, libéré par son peuple avec le concours des armées de la France, avec l'appui et le concours de la France tout entière: c'est-à-dire de la France qui se bat. C'est-à-dire de la seule France, de la vraie France, de la France éternelle«, zitiert nach der Dokumentation im Pariser Stadtmuseum Musée Carnavalet, {www.carnavalet.paris.fr/fr/collections/fragment-de-discours-signe-du-general-de-gaulle-concernant-la-liberation-de-paris}, letzter Zugriff 11.03.2019.

39 »Quoiqu'il arrive, la flamme de la résistance française ne doit pas s'éteindre et ne s'éteindra pas.« Mit diesem Satz beendete de Gaulle seine aus London von der BBC gesendete Radioansprache vom 18. Juni 1940, in der er die Franzosen zum Widerstand gegen Besatzung und Kollaboration aufrief; vgl. {www.ordredelaliberation.fr/fr/ordre-de-la-liberation/le-grand-maitre/l-appel-du-18-juin-1940}, letzter Zugriff 11.03.2019.

40 »Notre principe est de saisir l'individu partout. Au primaire, nous le tenons. Plus haut il tend à s'échapper. Nous nous efforçons de le rattraper à tous les tournants«, heißt es in einer Erklärung des Sportfunktionärs Joseph Pascot vom 27. Juni 1942; vgl. die Ausstellung *Le sport européen à l'épreuve du nazisme* vom 9. November 2011 bis zum 29. April 2012 im Pariser Mémorial de la Shoah.

41 »Article unique. — L'Assemblée nationale donne tous pouvoirs au Gouvernement de la République, sous l'autorité et la signature du maréchal Pétain, à l'effet de promulguer par un ou plusieurs actes une nouvelle constitution de l'État français. Cette constitution devra garantir les droits du travail, de la famille et de la patrie.« Journal officiel de la République française, Lois et décrets 72e année/N° 167, 11 juillet 1940, p. 4513; vgl. {gallica.bnf.fr/archive}, letzter Zugriff 12.02.2019.

42 In dem von ihm herausgegebenen mehrbändigen Werk *Lieux* *de mémoire* (Gallimard, Paris 1984–1992) analysierte Pierre Nora die symbolischen Manifestationen des nationalen Bewusstseins der Franzosen (»Erinnerungsorte«) im Kontext des Verhältnisses von Geschichte (*histoire*) und Erinnerung (*mémoire*).

43 In Anlehnung an das 1977 erschienene Buch *Quarante millions de pétainistes. Juin 1940–Juin 1941* von Henri Amouroux; es handelt sich dabei um den zweiten Band seines achtbändigen Werkes unter dem Titel *La grande Histoire des Français sous l'Occupation*.

44 Vgl. Henry Rousso, *Le syndrome de Vichy. De 1944 à nos jours*, Paris 1987 sowie Olivier Wieviorka, *La mémoire désunie. Le souvenir politique des années sombres, de la Libération à nos jours*, Paris 2010.

45 Vgl. Léon Werth, *33 Tage*. Frankfurt 2016, sowie den ersten Teil (»Sturm im Juni«) von Irène Némirovskys Roman *Suite française*, München 2005.

46 »La masse populaire française finit par se réduire à une somme d'égoïsmes individuels portés au paroxysme [...] L'indépendance de la patrie, les droits de l'homme, le destin de la civilisation, représentent aujourd'hui pour les citadins de pures abstractions«. Manuel Chaves Nogales, a.a.O., S. 127.

47 »Was aber in uns besiegt wurde, und das müssen wir den Mut haben uns einzugestehen, ist just unsere geliebte Kleinstadt. [...] Genau das ist es, was gegenüber der berühmten ›Dynamik‹ eines geschäftigen Deutschland unter die Räder gekommen ist. Wir müssen unser altes Erbe den Erfordernissen einer neuen Ära anpassen«; Marc Bloch, a.a.O., S. 204.

48 Es ist nicht erstaunlich, dass die NS-Zensur Sätze wie die folgenden dem deutschen Leser 1941 nicht vorenthalten wollte: »Ganz anders war die Entwicklung in Deutschland. Es schreitet mit festen und überlegten Schritten seit mehr als zwei Jahrhunderten zur Beherrschung Europas. [...] Die Analyse dieses Aufstiegs ergibt, daß der deutsche nationale Gedanke stets die Triebfeder des deutschen Wiederaufstiegs gewesen ist.« Bertrand de Jouvenel, *Nach der Nie-*

derlage, Berlin 1941, S. 127; das französische Original war im gleichen Jahr unter dem Titel *Après la défaite* im besetzten Paris erschienen.

49 Jacques Maritain, *À travers le désastre*, Paris 1945 (1941), S. 29.

50 »Bürger nenne ich also einen Franzosen, der nicht von seiner Hände Arbeit lebt;« Marc Bloch, a. a. O., S. 218 ff., aber ebenso S. 189: »Die französische Großbourgeoisie von 1939 beklagte sich gern darüber, daß sie allen Einfluß im Staat verloren hätte: eine gewaltige Übertreibung.«

51 »Der Feind stand buchstäblich vor den Toren der Stadt, und nicht nur vor ihren Toren. Selbst jetzt aber dachten die Parteien nicht daran, ihre Streitigkeiten einzustellen.« a. a. O., S. 151.

52 »Als Franzose werde ich mich gezwungen sehen, über mein Land zu reden und dabei auch Kritisches zu sagen; es ist hart, die Schwächen einer schmerzensreichen Mutter bloßlegen zu müssen.« Marc Bloch, a. a. O., S. 180.

53 So wird in Frankreich die Festnahme und Deportation Tausender Juden in Paris am 16. und 17. Juli 1942 genannt.

54 »Das Vergessen – ich möchte fast sagen: der historische Irrtum – spielt bei der Erschaffung einer Nation eine wesentliche Rolle, und daher ist der Fortschritt der historischen Erkenntnis oft für die Nation eine Gefahr.« Ernest Renan, *Was ist eine Nation?* Rede am 11. März 1882 in der Sorbonne. Mit einem Essay von Walter Euchner, Hamburg 1996, 7–37 (hier S. 14).

55 Serge Berstein/Michel Winock (Hg.), *Fascisme français? La controverse*, Paris 2014; Michel Dobry (Hg.), *Le mythe de l'allergie française contre le fascisme*. Paris 2003.

1940–1944: Deutsch-französische Zusammenarbeit an einem neuen Europa im Zeichen von Pazifismus – und Antisemitismus

1 Friedrich Sieburg, *France d'hier et de demain. Préambule de Bernard Grasset. Causerie donnée le 22 mars 1941 sous les auspices du* *groupe »Collaboration« à la Maison de la Chimie,* Groupe Collaboration, Paris 1941, S. 11.

2   Vgl. dazu Klaus Deinert, *Friedrich Sieburg. Ein Leben zwischen Frankreich und Deutschland,* Berlin 2014, S. 493; vgl. o. Kap. 1/Anm. 32.

3   Franz Schonauer, »Der Schöngeist als Kollaborateur – oder: Wer war Friedrich Sieburg?«, in: Karl Corino, *Intellektuelle im Bann des Nationalsozialismus,* Hamburg 1980, S. 113.

4   Verlautbarung des von Otto Abetz initiierten Sohlbergkreises, in: Roland Ray, *Annäherung an Frankreich im Dienste Hitlers? Otto Abetz und die deutsche Frankreichpolitik 1930–1942,* München 2000, S. 52.

5   Vgl. Gerhard Weinberg (Hg.), *Hitlers Zweites Buch. Ein Dokument aus dem Jahr 1928,* Stuttgart 1961, S. 207; 1926 hatte Hitler bereits davon gesprochen, dass Frankreich als »unerbittlicher Todfeind des deutschen Volkes« für ihn nicht bündnisfähig sei; vgl. Adolf Hitler, »Die Südtirolfrage und das deutsche Bündnissystem«, München 1926, in: ders., *Reden, Schriften, Anordnungen,* Bd. I, hrsg. vom Institut für Zeitgeschichte, München 1992, S. 23.

6   »Nous n'avons aucune sympathie pour les méthodes violentes employées par les nazis«, schreibt Jean Luchaire im Mai 1933; ders., »Réactions aux réunions franco-allemandes«, in: *Notre Temps* vom 7. Mai 1933.

7   Ders., »Retour à la querelle des générations«, in: *Notre Temps* vom 14. Mai 1933.

8   »[...] les hommes politiques juifs, les financiers juifs, les journalistes juifs dans l'action tenace qui a empêché, avant le 3 septembre 1939, le rapprochement franco-allemand.« Ders., »La justice exacte. Les vrais coupables«, in: *Les Nouveaux Temps* vom 15. Dezember 1941.

9   Ders., »S'unir ou périr«, in: *Les Nouveaux Temps* vom 2. Februar 1943.

10 Im Französischen entspricht dem der Begriff *accommodement*; vgl. dazu Jacques Marseille, *Du bon usage de la guerre civile en France*, Paris 2006, insbesondere das Kapitel 6 »La résistance contre l'›accommodement‹«, S. 105 ff.

11 Der kommunistische Widerstand begann erst im Juni 1941 nach dem deutschen Angriff auf die Sowjetunion. Bis zu diesem Zeitpunkt hatten die deutschen Besatzer den französischen Kommunisten wegen des Hitler-Stalin Pakts und auf Stalins Geheiß gleichsam als Verbündete zu gelten. In ihrem *Appel du 10 juillet 1940* (dem Tag der Ermächtigung Pétains) machte die kommunistische Partei PCF England für den Krieg verantwortlich.

12 »Poursuivant mon idée, j'ai décidé de combattre, toute ma vie, pour la paix. Et, par la suite, pour le rapprochement franco-allemand qui est la condition première de la paix, sur ce continent [...] J'ai souhaité le rapprochement franco-allemand sous la République de Weimar. Je l'ai souhaité, et demandé, sous le national-socialisme. Je le voudrais en toutes circonstances, heureuses ou malheureuses pour l'Allemagne.« in: Jean-François Sirinelli, *Génération intellectuelle. Khâgneux et normaliens dans l'entre-deux-guerres*, Paris 1988, S. 610.

13 »Collaboration et Révolution. Tels sont les deux mots d'ordre. Collaboration constructive et révolution authentique.« René Chateau, »Les jeunes et le RNP«, in: *L'Œuvre* vom 18. Februar 1941; 1941 hatte Marcel Déat den Rassemblement National Populaire (RNP) gegründet, eine Bewegung, die in aggressiver Form die Kollaboration des Vichy-Regimes mit den deutschen Besatzern forderte und förderte. Im Französischen wird zwischen *collaborateurs* und *collaborationistes* unterschieden – wegen seiner Aggressivität gehörte der RNP zu Letzteren.

14 René Chateau, »Les Internationales«, in: *La France socialiste* vom 29. August 1942.

15 Als *munichois*/Münchner wird bis heute bezeichnet, wer das

Münchner Abkommen vom September 1938 guthieß; der Begriff ist eindeutig negativ konnotiert, im Gegensatz zum Begriff *pacifiste/* Pazifist.

16 »Si par exemple le pacifisme français a fourni tant de recrues à la collaboration c'est que les pacifistes incapables d'enrayer la guerre, avaient tout à coup décidé de voir dans l'armée allemande la force qui réaliserait la paix. [...] Ainsi est né un des paradoxes les plus curieux de ce temps: l'alliance des pacifistes les plus ardents avec les soldats d'une société guerrière.« Jean-Paul Sartre, »Qu'est-ce qu'un collaborateur?«, in: *Situations III*, Paris 1949, S. 55.

17 »Jamais nous n'avons été plus libres que sous l'occupation allemande.« Jean-Paul Sartre, »La République du silence«, *Les Lettres françaises*, 9 septembre 1944, N° 20, in: *Situations III*, Paris 1949, S. 11.

18 In seinem in den Jahren der Besatzung entstandenen Werk *L'Être et le Néant* bekräftigt Sartre, dass Freiheit nicht darin bestehe, die Welt, in der man lebt, frei wählen zu können, sondern dass sie sich darin erfülle, dass der Mensch mit Blick auf sein Leben und seine Entscheidungen – und seinen Tod (»Plutôt la mort que ...«) – eine Wahl zu treffen habe, und dies unabhängig davon, in welcher Welt und unter welchen historischen und politischen Umständen er lebt: » [...] le choix que chacun faisait de lui-même était authentique puisqu'il se faisait en présence de la mort, puisqu'il aurait toujours pu s'exprimer sous la forme ›Plutôt la mort que ...‹«, lautet das Fazit der Sartre'schen Definition von Freiheit unter der Besatzung.

19 Die Dienststelle Ribbentrop, eine Art paradiplomatische Einrichtung im Dienst der NSDAP, in der neben dem künftigen Außenminister von Ribbentrop Otto Abetz einen großen Einfluss auf die deutsch-französischen Beziehungen nahm, förderte 1935 Veranstaltungen »im Geiste der Versöhnung«, weshalb ein eigenes »Frontkämpferreferat« eingerichtet wurde; vgl. Roland Ray, *Annäherung* an Frankreich im Dienste Hitlers? Otto Abetz und die deutsche Frankreichpolitik 1930–1942, München 2000, S. 144.

20 »Les ennemis de la guerre devinrent les apologistes de la conquête nazie. Les internationalistes devinrent antisémites.« – Darauf folgt der oben zitierte Satz; Edgar Morin, *Autocritique*, Paris 1970, S. 33.

21 Simon Epstein, *Un paradoxe français. Antiracistes dans la Collaboration, antisémites dans la Résistance*, Paris 2008, S. 375.

22 »On devient pétainiste parce qu'on ne veut plus faire la guerre à l'Allemagne«. Simon Epstein, a. a. O., S. 352.

23 Die historische Forschung habe dieses Abgleiten zahlreicher Intellektueller vom Philosemitismus in den mörderischen Antisemitismus bislang ignoriert, betont Simon Epstein, a. a. O., S. 387.

24 »Le pays ne sera sauvé que provisoirement par les seules frontières armées; il ne peut l'être définitivement que par la race française, et nous sommes pleinement d'accord avec Hitler pour proclamer qu'une politique n'atteint sa forme supérieure que si elle est raciale, car c'était aussi la pensée de Colbert ou de Richelieu«, schrieb Giraudoux 1939 in *Pleins Pouvoirs*, Paris 1939, S. 76.

25 Vgl. die Ausgabe vom 20. September 1944 der wenige Jahre zuvor vom PCF gegründeten Zeitung *Ce Soir*.

26 *Bagatelles pour un massacre*, Paris 1937, S. 142; es wundert nicht, dass dieses Buch 1938 unter dem Titel *Die Judenverschwörung in Frankreich* in deutscher Übersetzung erschien.

27 »Geistige Zusammenarbeit ist nur möglich diesseits des Nationalismus, weil es ein Jenseits nicht gibt. Sie ist nur lebendig auf dem Boden der von den Völkern geschaffenen Kulturen. Sie wird nur da bestehen können, wo sie restlos ehrlich und restlos radikal ist.« Karl Epting, »Internationale geistige Zusammenarbeit?«, in: *Hochschule und Ausland 12 (1934)*, Heft 1/1934, S. 37.

28 Karl Epting, »Französische Kulturpolitik«, Vortrag vom 29. August 1935 auf einer Tagung der Zweigstellen des DAAD; unveröffentl. Manuskript im Institut für Internationale Angelegenheiten in Hamburg (Fasc E 173; hier Seite 5).

29 Wolfgang Geiger, »Das Frankreichbild im Dritten Reich«, Vortrag an der Johann Wolfgang Goethe-Universität Frankfurt/Main am 18. Mai 2000; {www.historia-interculturalis.de/historia_interculturalis/.../Geiger_Frankreichbild.doc}, letzter Zugriff 13.05.2019.

30 In seinem Buch *Was wir sagen, wenn wir reden, Glossen zur Sprache* (München, 2004) hatte Hans Martin Gauger darauf hingewiesen, dass ein Symptom des deutschen Ressentiment gegenüber Frankreich die Rede von der »Grande Nation« ist; in einem Beitrag für die Deutsche Akademie für Sprache und Dichtung präzisierte er sechs Jahre später wie folgt dieses Phänomen: »[D]er Ausdruck entstand in Deutschland, und zwar im frühen 19. Jahrhundert, in der Zeit also der sogenannten napoleonischen oder antinapoleonischen ›Freiheitskriege‹, und er hat sich, wie gesagt, bis heute hartnäckig, unausrottbar gehalten. Die Franzosen selbst haben ihn nur ganz kurze Zeit, nämlich von 1790 bis 1800, gebraucht, und da haben sie ihn ganz anders verstanden, als wir ihnen heute unterstellen. Wirklich, es ist an der Zeit, den Ausdruck aufzugeben, definitiv. Er ist nicht nur auf unserer Seite ein Irrtum, sondern er hat auch für die Franzosen etwas Beleidigendes. Und wir gebrauchen ihn doch ja auch meist eher unnett in einem ironisch herablassenden Sinn: ach ja, die Franzosen mit ihrer ›grande nation‹. Und eine typische, uns aus der Presse sehr vertraute Wendung ist ja: ›Die grande nation hat wieder einmal …‹. Andererseits geht mit dem Ausdruck bei uns aber auch etwas wie heimliche Bewunderung einher und sogar etwas wie versteckter Neid, weil wir die wie selbstverständliche Ungebrochenheit des französischen Nationalbewusstseins im Vergleich mit dem unseren, das ja eher unsicher ist, bewundern und dies natürlich auch im Verein mit der von uns ebenfalls bewunderten ›französischen Lebensart‹ oder ›Lebenskunst‹, die uns spüren lässt, dass uns gerade da – bei all unserer Effizienz, auf die wir stolz sind – etwas fehlt.«

Vgl. {www.deutscheakademie.de/de/aktivitaeten/projekte/sprach-kritik/2010-11-15/noch-einmal-die-grande-nation}, letzter Zugriff 12.02.2019.

31 Vgl. Claude Digeon, *La crise allemande de la pensée française 1870–1914*, Paris 1959.

32 Bereits in Johann Gottlieb Fichtes *Reden an die deutsche Nation* (1808) findet sich die Idee eines Gegensatzes zwischen romanisch-französischem und germanisch-deutschem Wesen.

33 Stanley Hoffmann, »Paradoxes of the French Political Community«, in: ders., *In Search of France*, Cambridge (Mass.) 1965, S. 1–61.

34 Matthias Waechter, *Geschichte Frankreichs im 20. Jahrhundert*, München 2019, S. 63.

35 Hatte Frankreich um 1850 etwa 37 Millionen Einwohner, waren es Anfang des 20. Jahrhunderts ca. 39 Millionen; gleichzeitig »stieg die deutsche Bevölkerung von ca. 33 Millionen um 1850 auf ca. 58,5 Millionen im Jahre 1911 an; die britische verdoppelte sich im gleichen Zeitraum von 18 auf 36 Millionen; die italienische stieg von etwa 25 Millionen bei der nationalen Einigung 1861 auf 31 Millionen um 1900; die österreichisch-ungarische von 33 Millionen nach dem Krieg von 1866 auf 42 Millionen um die Jahrhundertwende«, ders., a. a. O.

36 Nach einer Reise in die Sowjetunion hatte Friedrich Sieburg in seinem Buch *Die Rote Arktis* (1932) es fertiggebracht, eine Hommage an den Nationalsozialismus zu äußern bei gleichzeitiger Kritik an diesem; dazu dient ihm eine Annäherung zwischen sowjetischem Kommunismus und deutschem Nationalsozialismus: »Trotzdem muss ich sagen, dass ich seit dem Kriege kaum einer Jugend begegnet bin, mit der ich so gern zusammen leben und zusammen kämpfen möchte wie mit dieser [in der Sowjetunion; C.K.]. Ich glaube es liegt daran, dass sie Nationalsozialisten sind, ohne jene Eigenschaften zu haben, derentwegen unsere Nationalsozialisten der Reaktion und dem Alte-Herrentum so nahestehen.« In: Tillman Krause, *Mit*

Frankreich gegen das deutsche Sonderbewußtsein. Friedrich Sieburgs Wege und Wandlungen in diesem Jahrhundert, Berlin 1993, S. 79.

37 Immer wieder taucht auch der demografische Faktor auf: Die Bevölkerung des demokratischen Frankreich der III. Republik schrumpfe, während die des autoritär geführten Deutschlands wachse.

38 Simon Epstein weist en détail nach, wie die Deutschen und die Juden in den Dreißigerjahren von vielen Franzosen wahrgenommen wurden, nämlich als »ces deux périls obsessifs (l'un extérieur et réel, l'autre intérieur et fantasmé) qui, depuis la fin du XIXe siècle, alimentent les angoisses et hantent l'inconscient collectif des Français«. S. Epstein, a. a. O., S. 608.

39 Barbara Lambauer, »Opportunistischer Antisemitismus. Der deutsche Botschafter Otto Abetz und die Judenverfolgung in Frankreich (1940–1942)«, in: *Vierteljahreshefte für Zeitgeschichte*, Jahrgang 53 (2005), Heft 2, S. 249.

40 Bzw. in der SFIO (Section Française de l'Internationale Ouvrière/Französische Sektion der Arbeiter-Internationale); der heutige PS (Parti Socialiste) entstand erst 1969 und ging aus der 1905 gegründeten SFIO hervor.

41 Andreas Wirsching, »Auf dem Weg zur Kollaborationsideologie. Antibolschewismus, Antisemitismus und Nationalsozialismus im Denken der französischen Rechten 1936–1939«, in: *Vierteljahreshefte für Zeitgeschichte*, Jahrgang 41 (1993), Heft 1, S. 59.

42 Simon Epstein zeigt, wie nach dem Krieg die Verantwortung für die *Collaboration* den Anhängern der *Action française* angelastet wurde, um andere zu entlasten: »[U]n avocat maurrassien qui s'illustra dans la Résistance sera enregistré comme ›avocat‹, un avocat maurrassien qui se fit connaître dans la collaboration sera comptabilisé comme›maurrassien‹«. Simon Epstein, a. a. O., S. 603.

43 »L'opposition du nationalisme et du socialisme a paru irréductible dans le régime parlementaire. L'opération salvatrice du fascisme est d'annuler le caractère irréductible de cette opposition: le fascisme incorpore, dans un seul mouvement national et social sur le plan de la vie nationale et sociale, le nationalisme et le socialisme«, schreibt Georges Valois am 25. Januar 1926 in *Le Nouveau Siècle*, der von ihm geleiteten Zeitschrift des *Faisceau*, der sich am italienischen Faschismus orientiert.

44 »Je suis contre l'antisémitisme et contre le racisme«, schreibt Marcel Déat am 18. April 1936 unter der Überschrift »Une grande enquête du Droit de vivre« in der Zeitschrift *Le Droit de vivre* der Liga gegen den Antisemitismus.

45 »[...] la personnalité du député de Narbonne [gemeint ist Léon Blum; C. K.] ne trouve à *Notre Temps* qu'une affectueuse sympathie«, schreibt Jean Luchaire in der Zeitschrift *Notre Temps* vom 20. November 1932 unter dem Titel »Candidature Léon Blum et discipline radicale«.

46 Friedrich Sieburg im Vorwort der Neuausgabe von 1935 seines Buches *Gott in Frankreich?*, Frankfurt/Main 1935, S. 8.

47 Vgl. S. 38.

48 Kein Land sei unempfänglicher für das Rasse-Prinzip als Frankreich (»Il n'y a pas de pays qui soit plus réfractaire que la France à la notion de race«) schreibt Marcel Déat 1937 in einer Broschüre, deren wohlklingender Titel (*Discours de protestations contre les atteintes portées en Allemagne à la dignité de la personne humaine, à la liberté de conscience chrétienne et laïque et aux droits humains et civiques des israélites*) nicht ahnen lässt, dass sich hinter diesen Absichtsbekundungen auch ganz andere Intentionen verbergen können; a. a. O., S. 14–20.

49 Der gleiche Marcel Déat fordert (unter dem Titel »Racisme et Nation« in der Zeitschrift *L'Œuvre* vom 24. September 1942) fünf Jahre später eine rassistische Politik (»cultiver biologiquement, sous le contrôle d'une politique intelligente et ferme, cet ensemble ethnique enfermé dans l'hexagone français«) und preist das Prinzip von Blut und Boden (einen Tag später, ebenfalls in *L'Œuvre/* 25. September 1942, unter dem Titel »Le sol et le sang«).

50 »Die Gegenwart« vom 1. September 1949; in: Friedrich Sieburg, *Abmarsch in die Barbarei. Gedanken über Deutschland*, hg. v. Klaus Harpprecht, Stuttgart 1983, S. 189; in einem Gespräch mit Friedrich Müller am 14. Dezember 1808 hatte Goethe geäußert: »Verpflanzt und zerstreut wie die Juden in alle Welt müssen die Deutschen werden, um die Masse des Guten ganz und zum Heile aller Nationen zu entwickeln, die in ihnen liegt.« Vgl. Dieter Borchmeyer, *Was ist deutsch? Die Suche einer Nation nach sich selbst*, Berlin 2017, S. 354.

Hexensabbat, Tragödie – oder einfach nur verstocktes Warten? Mythos und Wirklichkeit im Sigmaringer Winter 1944/1945

1   »Il y a une Europe, il y a une grande fraternité des hommes de race blanche. Mais cela ne vaut que dans la mesure où il y a des patries et des peuples qui croient à un idéal. N'ayez pas peur d'être des vrais Français tout en étant des Européens … L'Europe périra ou elle vivra!«; Léon Degrelle, zitiert nach der Ausgabe von *La France* vom 15. November 1944; in: Henry Rousso, *Un château en Allemagne. Sigmaringen 1944–1945*, Paris 2011 (1980), S. 204.

2   Das ehemalige Deutsche Haus am Sigmaringer Leopoldplatz wurde vor einigen Jahren abgerissen. Leider gibt es bis heute keinen kohärenten Stadtführer zu den noch bestehenden Orten französischer Präsenz in Sigmaringen während des Winters 1944/1945; für den Herbst 2019 ist die Eröffnung eines Themenparcours (*parcours mémoriel*) durch Sigmaringen geplant.

3   So mokierte sich ein Heinz Mattick in einem 1942 erschienenen Büchlein unter dem Titel *Die treibenden Kräfte in der Geschichte Frankreichs* (Berlin 1942) über die »Träger der Zivilisation« und ihre »Sicherheitshysterie«, um dann zu resümieren: »Das also war die Geistesverfassung der führenden Schichten Frankreichs, der

Leute wie Poincaré und Clemenceau, wie Daladier und Reynaud; die Aufteilung Deutschlands war also das wirkliche Ziel, für das die französische Führung schließlich ihr Volk in den Krieg gejagt hat, den es jetzt teuer bezahlen muß.« (a. a. O., S. 94).

4   Die Rede von der »France éternelle«, die in diesen Zeiten sowohl zum Repertoire Pétains als auch de Gaulles und ihrer jeweiligen Entourage gehörte, diente der Legitimität im jeweiligen Verständnis; vgl. dazu: Clemens Klünemann, »Der Mythos der Kontinuität. Eine deutsch-französische Erinnerung an den Widerstand im Spannungsfeld zwischen republikanischer Legitimität und staatlicher Souveränität«, in: Ulrich Pfeil (Hg.), *Mythes et tabous des relations franco-allemandes au XXᵉ siècle/Mythen und Tabus der deutsch-französischen Beziehungen im 20. Jahrhundert*, Bern 2012, S. 223–238.

5   Den gesamten Text dieses *Manifeste des intellectuels français en Allemagne* dokumentiert Henry Rousso in *Un château en Allemagne*, a. a. O., S. 613 f.

6   Stephan Krass, *Paris an der Donau. Marschall Pétain in Sigmaringen*, Hörspiel über die Vichy-Regierung in Deutschland; eine Produktion des SWR aus dem Jahr 2000.

7   Claudio Magris, *Donau. Biographie eines Flusses*, München 2007.

8   A. a. O., S. 54.

9   Vgl. S. 17.

10   Claudio Magris, a. a. O., S. 56.

11   In seinem Buch *Der wilde Kontinent. Europa in den Jahren der Anarchie 1943–1950* (Stuttgart 2014) beschreibt der britische Historiker Keith Lowe den Zusammenbruch jeglicher Strukturen und die daraus resultierenden Gewaltexzesse in vielen europäischen Städten während der Endphase des Zweiten Weltkriegs.

12   Claudio Magris imaginiert eine dramatische Szenerie: »In diesem Schloß hat sich eine Szene jener Tragödie abgespielt, die den Verfall Deutschlands und in seinem Gefolge den Untergang des deutschen Elements im Europa der Donau zeitigte.« a. a. O., S. 54.

13 Wie gespannt allerdings das Verhältnis de Brinons zu Doriot war, schildert Corinna Franz im Kapitel 3.2.1. (»De Brinon unter Druck: Doriot und die Gründung des Befreiungskomitees«) ihres Buchs *Fernand de Brinon und die deutsch-französischen Beziehungen 1918–1945*, Bonn 200, S. 343 ff.

14 »An dem blutigen, unflätigen Karneval von Sigmaringen erscheint ihm [Céline; C.K.] alles töricht und austauschbar [...], die französischen Kollaborateure, die amerikanischen Bomben und die Konzentrationslager der Nazis verschmelzen zu einem einzigen gräßlichen Hexensabbat.« Claudio Magris, a.a.O., S. 56.

15 »[...] à Sigmaringen, l'Histoire semble avoir pris d'elle-même l'allure d'un roman célinien«, in: Louis-Ferdinand Céline, *Romans*, Bd. II in der Bibliothèque de la Pléiade, Paris 1957/1974, »Préface par Henri Godard«, S. IX; Christine Sautermeister macht auf das Missverständnis aufmerksam, das darin bestand – und besteht –, Célines Sigmaringen-Bilder für historische Studien anzusehen: »Céline laisse entrevoir les coulisses de l'Histoire sans expliciter ni expliquer, ce que ne manquerait pas de faire un historien. [...] Ainsi le château de Sigmaringen, demeure mythique des Hohenzollern, tel que Céline le décrit, revêt une signification particulière qui dépasse son sens purement historique, car il devient le symbole de l'Europe guerrière et conquérante [...] La vision de l'histoire de Céline est celle d'un écrivain qui pratique l'art du symbole et de la suggestion.« Christine Sautermeister, *Louis-Ferdinand Céline à Sigmaringen – novembre 1944–mars 1945: chronique d'un séjour controversé*, Paris 2013, S. 333.

16 »Croyez-moi, ce n'est pas par vocation que je me suis retrouvé à Sigmaringen. Mais on voulait m'étriper à Paris parce que je représentais l'antijuif, le fasciste, le salaud, l'ordure, le prophète du mal«, bekannte Louis-Ferdinand Céline 1957; André Parinaud, »entretien avec L.-F. Céline«, Arts, N° 624 vom 19. Juni 1957, in: Cahiers Céline (N° 2), *Céline et l'actualité littéraire 1957–1961*, Paris 1976, S. 38.

17 »Sigmaringen, c'est un moment de l'histoire de France, qu'on le veuille ou non; il peut être regrettable, on peut le regretter, mais c'est tout de même un moment de l'histoire de France, ça a existé et un jour on en parlera dans les écoles«; Céline in einem Gespräch mit Albert Zbinden, in: ders., *Romans II*, Paris 1957/1974, S. 936.

18 »Sans Céline, on ne parlerait pas de Sigmaringen«, erklärte Henry Rousso in der am 9. März 1996 von France 3 ausgestrahlten Sendung *Sigmaringen, l'ultime trahison* (konzipiert von Rachel Kahn und Laurent Perrin).

19 Louis-Ferdinand Céline, *Von einem Schloß zum anderen* (übersetzt von Werner Bökenkamp), Reinbek bei Hamburg 1960, S. 157.

20 Louis-Ferdinand Céline, *Von einem Schloß zum anderen*, a. a. O., S. 141–144.

21 »In jenem Palast aus Pappmaché und unter den höhnisch grinsenden Masken der porträtierten alten Feudalherren linderte Céline, wie er nur konnte, die Leiden einiger Kranker, er verteilte Morphium an diejenigen, die vor Schmerzen stöhnten, er gab denen Zyanid, deren Ende er kommen sah; die Donau unter ihm mit ihren Windungen, welche die Jahrhunderte geformt hatten, erschien ihm mit ihrer imperialen Tradition als verfaulter Fluß der Geschichte, die für ihn Unmut und universale Gewalt bedeutete.« Claudio Magris, a. a. O., S. 55.

22 Die deutsche Bezeichnung »Säuberung« ist in diesem Zusammenhang nicht weniger menschenverachtend. Keith Lowe widmet diesem Phänomen eindrückliche Schilderungen, insbesondere im 23. Kapitel seines Buches; a. a. O., S. 340–360 und passim.

23 »L'épuration«, schreibt Pierre Assouline in seinem 2017 erschienenen Buch *L'épuration des intellectuels* (Paris, S. 182), »[...] marque l'apothéose et l'issue d'une guerre civile larvée depuis le Front populaire, ouverte depuis juin 1940, sans pitié pendant quatre ans.« Dieser schwelende Bürgerkrieg hat allerdings nicht erst in den

1930er-Jahren begonnen: Bereits die Dreyfus-Affäre war sein Symptom ebenso wie die blutige Niederschlagung der Commune.

24 Jean-Paul Cointet spricht von den »fantômes vaincus de l'Histoire« und von den »hommes dépourvus d'avenir«; ders., *Sigmaringen,* Paris 2003, S. 437; damit sind sie wohl zutreffender charakterisiert als mit den Worten von Corinna Franz (a. a. O., S. 366), die von de Brinon sagt, er habe zur Gruppe jener gehört, »die meinten, einer guten Sache zu dienen und dabei doch dem Bösen den Weg bereiteten«.

25 »C'est écrit. L'affaire est dans le sac ... Les Boches sont archi foutus, emballez les os ... plantez un saule ... les tripes d'un côté ... les gambilles de l'autre ... Adieu Sigmaringen ... j'en ai mon comte, terminé le ballet des crabes pleins de poux«; L.-F. Céline in einem Brief an André Brissaud vom 18. Mai 1947, in: André Brissaud, *Pétain à Sigmaringen. De Vichy à la Haute Cour*, Paris 1966, S. 426.

26 »[M]on devoir, mon honneur me forcent à aller en prison.« vgl. Jean-Paul Cointet, a. a. O., S. 398.

27 Am 21. April 1945 schrieb Jean de Lattre de Tassigny an den die kämpfende Truppe anführenden General Béthouart: »Pousse plein gaz sur Sigmaringen [...] A Sigmaringen, boucle tout. Tiens-le en force, mets-y un patron solide et dur, quelqu'un auprès de lui qui boucle instantanément les ›politiques‹ et garde silence jusqu'à ma venue. J'ai des consignes particulières du général de Gaulle.« in: Général de Lattre, *Reconquérir. Ecrits 1944–1945*, Paris 1985, S. 229f.

28 Während des 1945 in Paris stattfindenden Prozesses gegen Philippe Pétain sagte dessen Anwalt in seinem Plädoyer zugunsten seines Mandanten u. a. Folgendes: »La politique du Maréchal est la suivante: sauvegarder, défendre, acquérir des avantages matériels, mais souvent au profit de concessions morales. La Résistance a eu une conception contraire: elle ne cherchait point à éviter les sacrifices immédiats. Dans la continuation du combat elle voyait d'abord des avantages moraux. Peut-être, messieurs, trouvez-vous dans

l'antinomie de ces deux thèses une raison du drame français.« Und:
»La plaidoirie de maître Isorni, lors du procès de Pétain en 1945«,
in: Marc Ferro, *Pétain en vérité*, Paris 2013, S. 289–291.

29 Vgl. dazu Henry Rousso, *Un château en Allemagne. Sigmaringen
1944–1945*, Arthème Fayard, Paris 2011 (1980), S. 595.

30 Henry Rousso, a. a. O., S. 600.

31 »Nachmittags im Deutschen Institut«, heißt es in einem Tagebucheintrag Ernst Jüngers vom 7. Dezember 1941; »dort unter
anderen Merline [»Ich habe Celine als ›Merline‹ kaschiert«, stellte
der 99-jährige Ernst Jünger klar; vgl. *Spiegel* 23/1994 vom 6. Juni
1994; C. K.], groß, knochig, stark, ein wenig plump, doch lebhaft
in der Diskussion oder vielmehr im Monolog. [...] Er sprach sein
Befremden, sein Erstaunen darüber aus, daß wir Soldaten die Juden nicht erschießen, aufhängen, ausrotten – sein Erstaunen darüber, daß jemand, dem die Bajonette zur Verfügung stehen, nicht
unbeschränkten Gebrauch von ihnen macht. [...] ›Wenn ich Bajonette hätte, ich würde wissen, was ich zu tun hätte.‹« Ernst Jünger,
»Das Erste Pariser Tagebuch«, in: *Strahlungen* (1949), Stuttgart 1994,
S. 62 f.

32 »S'il n'y a pas de roman sans style, si son pouvoir est de nous
montrer le monde transformé par un imaginaire, et s'il acquiert
une force supplémentaire quand il parvient à saisir l'histoire de son
époque, alors l'œuvre romanesque de Céline (1894–1961) est une
des grandes oeuvres de son temps, quoi qu'il y ait d'autre part à repro-
cher à son auteur«, schreibt beispielsweise der Literaturwissenschaf-
tler Henri Godard bei der Präsentation des Werks Louis-Ferdinand
Célines für die *Bibliothèque de la Pléiade*.

33 »Erstens ist Céline nicht der größte moderne Romancier Frankreichs. Zweitens ist die Frage naiv, indem sie voraussetzt, literari-
scher Rang müsse ideologische Verblendung prinzipiell ausschlie-
ßen. [...] Die Frage, was aus diesem Werk geworden wäre *ohne* den
Horror der Pamphlete, ist so inhaltslos wie alle Fragen dieser Art:

Der Rassismus ist Célines ultimative Antwort auf die Zumutungen eines gewalttätigen Jahrhunderts und er kontaminiert seine *gesamte* Existenz in einem Maße, dass die historische Bedeutung des Autors tatsächlich *genau darin* liegt.« Wolfgang Matz, *Frankreich gegen Frankreich. Die Schriftsteller zwischen Literatur und Ideologie*, Göttingen 2017, S. 181.

34 Wolfgang Matz, a. a. O., S. 183.

35 Nach einer heftigen öffentlichen Debatte, an der sich auch Premierminister Édouard Philippe beteiligt hatte, der eine kommentarlose Publikation antisemitischer Pamphlete strikt ablehnte, entschied der Verlag Gallimard im Januar 2018, die Veröffentlichung zunächst (»sine die«) auszusetzen.

36 »Après l'île d'Elbe, Sainte-Hélène.« Henry Rousso, a. a. O., S. 600.

37 Marc Ferro (a. a. O., S. 292) zitiert eine IPSOS-Umfrage von 1996, aus der hervorgeht, dass 56 % der befragten Franzosen Pétain für »dévoué« (»aufopferungsvoll«) hielten, 43 % der Befragten hielten ihn für »réaliste«, 42 % für »sage« (»weise«), 36 % für »patriote« und 32 % für »courageux« (»mutig«), wogegen nur 15 % der Befragten Pétain für »antisémite« hielten und nur 22 % für »faible de caractère« (»charakterschwach«).

Beschwiegene Kontinuitäten: Die Belastung der deutsch-französischen Beziehungen durch den Frankreich-Komplex und das Vichy-Syndrom

1 Vercors (d. i. Jean Bruller), *Das Schweigen des Meeres*, mit einem Essay von Ludwig Harig, Zürich [4] 2002, S. 20.

2 In der englischen Wochenzeitung *Tribune* vom November 1943; vgl. Karl Kohut (Hrsg.), *Literatur der Résistance und Kollaboration in Frankreich. Geschichte und Wirkung II (1940–1950)*, Tübingen 1982, S. 104.

3 In ihrem 1810 erschienenen Buch hielt Germaine de Staël der französischen Gesellschaft ein Bild der friedliebenden Deutschen entgegen, denen Philosophieren und Metaphysik weitaus wichtiger seien als jegliche kriegerische Auseinandersetzung.

4   Jacques Robichon, »Jünger ou l'homme de la guerre«, in: Philippe Barthelet (Hg.), *Ernst Jünger. Les dossiers H*, Lausanne 1989, S. 309.

5   Vgl. Julien Hervier/Alexander Pschera, *Jünger und Frankreich – eine gefährliche Begegnung?*, Berlin 2012; erinnert sei auch an François Mitterands Interesse an, ja Sympathie für Ernst Jünger und ihre zahlreichen Begegnungen; vgl. Philippe Barthelet, a.a.O., S. 236.

6   Ernst Jünger, *Strahlungen*, Tübingen 1949, S. 522.

7   Thomas Mann, *Briefe 1937–1947*, hg. v. Erika Mann, Berlin/Weimar 1965, S. 495 (Brief Thomas Manns an Agnes Meyer v. 14.12.1945).

8   Ernst Jünger, a.a.O., S. 522.

9   Noch bis 2003 hing am Tübinger Holzmarkt eine Gedenktafel: Zwischen der Überschrift »Noch in Gefangenschaft« und dem Satz »Wir warten auf Euch« stand neben zahlreichen anderen Namen auch derjenige von Otto Abetz; vgl. Hans-Otto Binder (Hg.), *Die Heimkehrertafel als Stolperstein. Vom Umgang mit der NS-Vergangenheit in Tübingen*, Tübingen 2007.

10   Otto Abetz, *Das offene Problem. Ein Rückblick auf zwei Jahrzehnte deutscher Frankreichpolitik*, Köln 1951, S. 286.

11   Am 2. Juli 1942 hatte Abetz an das Auswärtige Amt in Berlin folgenden Text telegrafiert: »Gegen die Abtransportierung von 40 000 Juden aus Frankreich zum Arbeitseinsatz in dem Lager Auschwitz bestehen seitens der Botschaft grundsätzlich keine Bedenken. Bei der Durchführung dieser Maßnahme sollten jedoch folgende Erwägungen in Betracht gezogen werden. Die Botschaft hat bei allen gegen die Juden ergriffenen Maßnahmen ständig den Standpunkt vertreten, dass diese in einer Form durchgeführt werden sollten, die das in der letzten Zeit gewachsene antisemitische Gefühl ständig weiter erhöht.« In: Hans-Jürgen Döscher, *Seilschaften. Die verdrängte Vergangenheit des Auswärtigen Amts,* Berlin 2005, S. 39 f.;

vgl. dazu Barbara Lambauer, *Otto Abetz et les Français ou l'envers de la collaboration,* Paris 2001, sowie Eberhard Jäckel, *Frankreich in Hitlers Europa. Die deutsche Frankreichpolitik im Zweiten Weltkrieg,* Stuttgart 1966, S. 226–228.

12 Opportunismus und Antisemitismus gingen bei Otto Abetz in der Tat, wie Barbara Lambauer (vgl. o. S. 84, Anm. 39) zu Recht feststellt, eine unselige Allianz ein – ohne dass Ersterer Letzteren relativiert: »Während Abetz mit seiner antisemitischen Politik ganz auf Hitlers Linie lag, standen seine Bemühungen um eine Einbindung des Erzfeindes Frankreich im Widerspruch zu den Vorstellungen des Führers.« Eckart Conze u. a., *Das Amt und die Vergangenheit. Deutsche Diplomaten im Dritten Reich und in der Bundesrepublik,* München 2010, S. 230; Abetz' Eifer, die Deportation französischer Juden zu beschleunigen, entsprang seinen antisemitischen Ressentiments und diente ihm – so glaubte er – gleichzeitig dazu, Freiraum für die Verwirklichung seiner Vorstellungen hinsichtlich der deutsch-französischen Beziehungen zu gewinnen.

13 S. o. Kapitel 2; vgl. die noch vor der Befreiung von Paris veröffentlichte »Ordonnance du 9 août 1944 relative au rétablissement de la légalité républicaine sur le territoire continental« der provisorischen Regierung unter der Präsidentschaft Charles de Gaulles.

14 »Il faut tout refuser aux Juifs comme nation et tout accorder aux Juifs comme individus. Il faut qu'ils ne fassent dans l'État ni un corps politique ni un ordre. Il faut qu'ils soient individuellement citoyens.« So lautete im Dezember 1789 das von Robespierre, Mirabeau, dem Abbé Grégoire und anderen führenden Revolutionären unterstützte Argument zur Emanzipation der Juden, die schließlich zwei Jahre später beschlossen wurde, mit dem Hinweis des jakobinischen Abgeordneten Adrien Duport: »Je crois que la liberté de culte ne permet aucune distinction dans les droits politiques des citoyens en raison de leur croyance.« In: Heinrich Graetz, *Histoire des Juifs,* Site Méditerranée antique de François-Dominique Fournier, 1853–1875; vgl.:

{http://gallica.bnf.fr/ark:/12148/bpt6k75760d/f6.image, III,4,14}, letzter Zugriff 13.02.2019.

15 Einen Tag nach dem berüchtigten von der Vichy-Regierung erlassenen »Judenstatut« veröffentlicht diese am 4. Oktober 1940 ein Gesetz über die »ausländischen Staatsangehörigen jüdischer Rasse« (»ressortissants étrangers de race juive«), das auch jene betraf, die seit vielen Jahren durch Einbürgerung (»naturalisation«) die französischer Staatsangehörigkeit hatten.

16 Die Juden (»Les juifs«) seien ein »peuple d'élite, sûr de lui-même et dominateur«, sagte Charles de Gaulle während einer Pressekonferenz im Elysée-Palast am 27. November 1967.

17 Von einer Neurose ist in Henry Roussos Buch *Le syndrome de Vichy* (Paris 1987) die Rede (S. 9 ff.) sowie von unbewältigter Trauer (Kap. 1/S. 29 ff.) und Verdrängung (Kap. 2/S. 77 ff.), die das Verhältnis vieler Franzosen zur jüngsten Vergangenheit ihres Landes bestimmten.

18 »Le ›devoir de mémoire‹ a conduit à dénier toute légitimité au ›droit à l'oubli‹. [...] C'est un refus d'admettre que l'oubli, au-delà de la morale, fait partie intégrante de toute construction de la mémoire.« Éric Conan/Henry Rousso, *Vichy, un passé qui ne passe pas*. Gallimard, Paris 1996, S. 19.

19 Bis in die letzten Jahre der Präsidentschaft François Mitterands wurde Pétains Grab von den französischen Präsidenten jährlich mit einem Kranz geehrt.

20 Dieser Begriff wurde von Philippe Pétain und von Charles de Gaulle mit dem gleichen Pathos verwendet: 1940 beschwor Philippe Petain die Kontinuität Frankreichs mit der Rede von der »France éternelle« (»L'armistice est à mes yeux la condition nécessaire de la pérennité de la France éternelle«, in: René Souriac/Patrick Cabanel, *Histoire de France 1750–1995*, Bd. 1: Monarchies et Républiques, Toulouse 1996, S. 224.) ebenso wie vier Jahre später Charles de Gaulle vor dem Pariser Rathaus; vgl. o. S. 84, Anm. 39)

21 Carl Zuckmayer, *Geheimreport*, München 2004, S. 84; Zuckmayer zeigt Friedrich Sieburg als einen scharfen Kritiker der deutschen Frankreichpolitik: »Er [Sieburg; C.K.] schilderte mir mit einem ungeheuren Ausbruch von Ekel und Scham und Abscheu die Atmosphäre dieses ›Verbrüderungs‹ Empfangs [im Dezember 1938 hatte Ribbentrop in Paris einen Freundschaftspakt zwischen Deutschland und Frankreich unterzeichnet; C.K.] – die grenzenlose Verlogenheit, den aufgelegten gegenseitigen Schwindel [...] Er war totenblass, der Schweiss stand ihm auf der Stirn, seine Hände zitterten, er wirkte wie ein Selbstmörder.« (a.a.O., S. 85); Sieburg zögerte indes nicht, diese zynische Politik in höchsten Tönen zu preisen: »Am übernächsten Tag«, berichtet Zuckmayer, »kaufte ich mir an der Etoile die Frankfurter Zeitung – und las das Ergebnis dieser Nacht. Ein Leitartikel, in dem die deutsch-französische Verbrüderung in den glühendsten Farben gepriesen und als ›endgültig‹ gekennzeichnet wurde, Weltfrieden und Weltaufbau verheissend, durchsetzt mit kulturellen Analogien, historischen und weltanschaulichen Argumenten für das ›Ereignis‹, gipfelnd in einer Verherrlichung der hitlerschen Friedenspolitik und des ›ethischen Realismus‹ der französischen Regierung.« a.a.O., S. 85f.

22 Helmut Knochen war SS-Standartenführer und Beauftragter des Chefs der Sicherheitspolizei in Paris; am 10. Oktober 1954 wurde er in Paris zum Tode verurteilt und im Dezember 1962 aus der französischen Haft entlassen. Sein Vorgesetzter aus der Besatzungszeit, der SS- und Polizeiführer Carl Oberg, ebenfalls 1954 in Paris zum Tode verurteilt, wurde wenige Tage vor Knochen aus der Haft entlassen; vgl. Bernhard Brunner, *Der Frankreich-Komplex. Die nationalsozialistischen Verbrechen in Frankreich und die Justiz der Bundesrepublik Deutschland*, Göttingen 2004, S. 132ff.

23 »Le rappel des compromissions, voire des crimes commis par la France peut en effet contredire la finalité de l'enseignement de l'histoire qui, depuis les origines de la IIIe République, a toujours entendu forger une communauté civique partageant des valeurs communes qu'illustrait le roman national.« Olivier Wieviorka, *La mémoire désunie. Le souvenir politique des années sombres de la Libération à nos jours,* Paris 2010, S. 257.

24 »Pendant de très longues décennies, la destruction des juifs d'Europe avait été non seulement oubliée, mais dans une certaine mesure euphémisée par l'État [...] Privilégiant une politique de rassemblement, les associations n'entendaient pas distinguer les morts«, a.a.O., S. 252.

25 »Il est [...] inconcevable de laisser mettre en mémoire chez [certains élèves] une représentation négative de la France, sous peine de les voir intérioriser la ›haine‹ de ce qu'ils sont au spectacle d'une telle avalanche de crimes imputés à la patrie qui s'offre à eux. Comment pourraient-ils se reconnaître dans cette marâtre? Leur intégration serait alors compromise.« Jean-Pierre Rioux, »Mais qu'est-ce qu'on leur apprend à l'école?«, in: ders. (Hg.), *Nos embarras de mémoire. La France en souffrance*, Éditions Lavauzelle, Limoges 2008, S. 167–168.

26 Vgl. in diesem Zusammenhang Éric Zemmour, *L'Homme qui ne s'aimait pas*, Paris 2002, S. 185–186.

27 Eckart Conze u.a., *Das Amt und die Vergangenheit. Deutsche Diplomaten im Dritten Reich und in der Bundesrepublik*, München 2010, S. 19.

28 Otto Abetz, a.a.O., S. 9.

29 Ebenda.

30 Vgl. Bernhard Brunner, a.a.O., S. 206 ff.

31 »Was sollen alle diese Menschen guten Willens denken, wenn sie heute noch für ihre Ideale, deren Richtigkeit ja gerade von den heutigen Regierungen wieder bescheinigt wird, bestraft und deklassiert werden?«, schrieb Ernst Achenbach 1951; dies erinnert an den Satz »Was damals Recht war, kann heute nicht Unrecht sein!«, mit dem Hans Filbinger 1978 auf die Vorwürfe wegen seiner richterlichen

Tätigkeit vor 1945 reagierte; vgl. dazu Wolfram Wette (Hg.), *Filbinger – eine deutsche Karriere*, Springe 2006, S. 11.

32 Georges Valance, *Petite histoire de la germanophobie*, Paris 2013, S. 234.

33 »Les parents le savent: il est plus facile de convaincre un enfant d'aller faire un stage linguistique en Angleterre qu'à Hanovre ou en Bavière. Les Français, notamment les jeunes, supportent mal le conformisme, le goût de l'ordre et le sens de l'obéissance des Allemands qui, écrit Mme de Staël, ›exécutent les ordres comme s'il s'agissait d'un devoir‹.«, a. a. O., S. 235.

34 Jan Assmann stellt der »kalte[n] Geschichte« die »heiße Erinnerung« gegenüber, »die aus der Vergangenheit eine identitätsfundierende, handlungsleitende und gegenwartsdeutende Kraft schöpft«. Jan Assmann, »Frühe Formen politischer Mythomotorik«, in: Dietrich Harth, Jan Assmann (Hg.), *Revolution und Mythos*, Frankfurt 1992, S. 39–61; hier: S. 41.

Alter und neuer Antisemitismus:
Das giftige Erbe der *années noires*

1 Vgl. {http://tempsreel.nouvelobs.com/societe/20140103.OBS 1315/au-spectacle-de-dieudonne-rires-non-stop-et-obsession-des-juifs.html}, letzter Zugriff 13.02.2019.

2 Vgl. Tristan Quinault Maupoil, »Manuel Valls: ›Contre l'islamo-fascisme, l'unité doit être notre force‹«, in: *Le Figaro* vom 16. Februar 2015: »Pour combattre cet islamo-fascisme, puisque c'est ainsi qu'il faut le nommer, l'unité doit être notre force. Il ne faut céder ni à la peur ni à la division.«

3 Eklatantes Symbol einer vermeintlichen Unterdrückung ist die sogenannte *quenelle*, der angedeutete Hitlergruß, mit dem sowohl der Zuspruch zum Faschismus als auch die Inszenierung eines Protests gegen ein »System« ausgedrückt wird, das die Kritik an (de facto handelt es sich um den Hass auf) Israel verhindere.

Ebenso signifikant ist die Bezeichnung von Selbstmordattentätern als Märtyrer; Jean-Luc Mélenchon, der Fraktionsführer der linken Gruppierung La France insoumise in der Nationalversammlung, bedient gerne solche antisemitische Stereotypen: Eklatant ist dies in Mélenchons Rede am 24. August 2014 in Grenoble, wo er – nachdem er über »les populations martyrisées de Gaza« gesprochen hatte, feststellte: »Nous ne croyons pas aux peuples supérieurs aux autres.« In: Pierre-André Taguieff, *Une France antijuive? Regards sur la nouvelle configuration judéophobe*, Paris 2015, S. 147.

4   David Motadel, *Für Prophet und Führer. Die Islamische Welt und das Dritte Reich*, Stuttgart 2017, S 97.

5   A. a. O.; die deutsche Propaganda schürte die Feindschaft der Muslime nicht nur gegenüber den Juden, sondern gleichfalls gegen das Frankreich der III. Republik sowie gegen seine traditionellen Eliten. So hieß es auf einem Flugblatt: »Der wahre Muslim kämpft nie für die Feinde des Islam, die euch eure Moschee weggenommen und in Kirchen umgewandelt haben, und die euch heute in den Tod schicken, damit das Leben von Christen gerettet wird.« (ebd.).

6   A. a. O., S. 108.

7   »C'est l'une des nouveautés de la situation: alors que les antijuifs traditionnels se déclaraient eux-mêmes ›antijuifs‹ ou ›antisémites‹, les antijuifs contemporains, en France du moins, se présentent comme des citoyens scandalisés par le ›communautarisme juif‹, la ›puissance du lobby juif‹ ou ›le racisme de l'État d'Israël‹, et bien sûr les ›crimes sionistes‹ (comme en témoigne le slogan ›Sionistes assassins!‹).« Pierre-André Taguieff, a. a. O., S. 25.

8   »Nous sommes là pour lutter contre le nouveau nazisme«, schrien Demonstranten während der propalästinensischen Kundgebungen im Juli 2014 in Paris – und meinten die Israel-Politik der V. Republik; P.-A. Taguieff spricht in diesem Zusammenhang von einer »nazification des ›sionistes‹« (a. a. O., S 47) als Symptom des

»mythe islamisé de la Résistance« (S. 48), wenn auf Plakaten die Aufschrift »Nétanyahou = Hitler« zu sehen war.

9   Auch die revolutionäre Tradition wird von den neuen Antisemiten bemüht, und der Revolutionsbegriff ist so schillernd wie derjenige der *Révolution nationale* Philippe Pétains: »Pour stigmatiser les Juifs, les nouveaux antijuifs peuvent ainsi revendiquer une noble position républicaine, résolument anti-communautariste, se tranfigurer en antiracistes intransigeants ou se donner simplement pour des âmes sensibles et compatissantes touchées par les ›souffrances du peuple palestinien‹.« Pierre-André Taguieff, a. a. O., S. 25.

10   Vgl. S. 103, Anm. 34.

11   Symptomatisch ist Jean-Luc Mélenchons 2015 erschienenes Buch *Le Hareng de Bismarck (Le poison allemand)* (Paris 2015), in dem er vor dem Monster warnt, das östlich des Rheins erwache und »ein Kind der deregulierten Finanzwirtschaft sowie der sklerotischen Alterung seiner Bevölkerung« sei. In einer nüchterneren Perspektive, aber ebenso auf die Bismarck-Zeit fokussiert war die Ausstellung *France-Allemagne(s) 1870–1871 – La guerre, la Commune, les mémoires* angelegt, die im Sommer 2017 im Pariser Musée de l'Armée gezeigt wurde.

12   »L'antisémitisme de l'A[ction] F[rançaise] se réactive […] avec la dénonciation du ›bellicisme‹ des Juifs qui poussent la France […] à faire la guerre à l'Allemagne.« Simon Epstein, a. a. O., S. 607 f.

13   »Hegel bemerkte irgendwo, dass alle großen weltgeschichtlichen Tatsachen und Personen sich sozusagen zweimal ereignen. Er hat vergessen, hinzuzufügen: das eine Mal als Tragödie, das andere Mal als Farce.« Karl Marx, *Der achtzehnte Brumaire des Louis Bonaparte*, MEW Band 8, Berlin 1972, S. 115.

14   »Beide [Frankreich und Deutschland; C. K.] konzentrierten sich [nach 1989] auf stärker national ausgerichtete Ziele, die Bevölkerungen, zwischen denen es nie zu einer wirklichen Annäherung gekommen war, entfernten sich gleichfalls voneinander – und nie-

mals entstand zwischen ihnen ein gemeinsames Denken«, lautet der pessimistische Befund Pierre Noras zum deutsch-französischen Verhältnis im Jahre 2012; Pierre Nora, »Man hat sich auseinandergelebt«, in: *Frankfurter Allgemeine Zeitung* vom 16. Februar 2012; vgl. {http://www.faz.net/aktuell/feuilleton/deutsch-franzoesisches-verhaeltnis-man-hat-sich-auseinandergelebt-11651980.html?printPagedArticle=true#pageIndex_2}, letzter Zugriff 13.02.2019.

15 »La déréliction du peuple palestinien est un crève-cœur [...] Mon révisionnisme est la seule contribution que je puisse apporter à ce peuple en détresse.« Robert Faurisson, *En confidence. Entretien avec L'Inconnu*, Pierre Marteau Éditeur (die klassische konspirative Verlagsangabe soll den Untergrund- und »Résistance«-Charakter des Buches unterstreichen; C.K.), Mailand 2009, S. 75.

Schlussbetrachtung:
Wenn die Vergangenheit vergehen darf –
Vichy und Sigmaringen als Erinnerungsorte der
deutsch-französischen Beziehungen

1 »Comment historiciser sans devenir Nolte?«, fragen sich Éric Conan und Henry Rousso (in: *Vichy, un passé qui ne passe pas*, Paris 1996, S. 384) unter Anspielung auf Ernst Noltes folgenreichen Artikel »Vergangenheit, die nicht vergehen will. Eine Rede, die geschrieben, aber nicht gehalten werden konnte«; (*Frankfurter Allgemeine Zeitung* vom 6. Juni 1986). Es gehe, so Conan und Rousso, um eine notwendige Distanz zu den Ereignissen der Geschichte, ohne dass diese Distanz zur Relativierung von Verbrechen oder gar Rechtfertigung der Täter (»sans verser dans la relativisation ni la réhabilitation implicite«; ebenda) führt.

2 »Die Geschichte befaßt sich nur mit zeitlichen Kontinuitäten, mit den Entwicklungen und Beziehungen der Dinge. Das Gedächtnis ist ein Absolutes, die Geschichte kennt nur das Relative.« Pierre Nora, *Zwischen Geschichte und Gedächtnis*, Berlin 1990, S. 14.

3   Wolfgang Matz, a. a. O., S. 18.

4   »Commémorer un individu est par ailleurs le faire entrer dans le Panthéon de la légitimité nationale.« Vgl. {https://sos-racisme. org/communique-de-presse/commemorer-maurras-non}, letzter Zugriff 13. 02. 2019.

5   Vgl. zur »affaire Maurras« {https://www.lemonde.fr/idees/ article/2018/03/21/affaire-maurras-dix-membres-du-haut-comi- te-des-commemorations-nationales-demissionnent_5274428_ 3232.html}, letzter Zugriff 13. 02. 2019.

6   Vgl. Christian Meiers Buch *Das Gebot zu vergessen und die Unab- weisbarkeit des Erinnerns. Vom öffentlichen Umgang mit schlimmer Vergangenheit,* München 2010; hier insbesondere Meiers Ausfüh- rungen zum Gebot des *mē mnēsikakēsēs* (»Erinnere nicht das Schlim- me!«) in der perikleischen Epoche des antiken Athen, S. 17 f.

7   Vielleicht ist das deutsche Wort »Wertegemeinschaft« als Über- setzung geeigneter als der Begriff »nationale Einheit«: Da Werte jedoch nur als universelle Werte wertvoll sind, muss die Rolle des Nationalen unklar, ja fragwürdig bleiben.

8   Vgl. S. 22, Anm. 11 bzw. Thomas Gaethgens, a. a. O. S. 272.

9   Marc Bloch, »Réponse d'un historien«, veröffentlicht im Juli 1943 in *Les Cahiers politiques*, eine im Untergrund erschienene Zeit- schrift des Comité général d'études de la Résistance; dt.: »Warum ich Republikaner bin«, in: ders., *Die seltsame Niederlage: Frankreich 1940. Der Historiker als Zeuge,* Frankfurt/Main 1992, S. 244.

10   »La mémoire négative ne résulte donc pas uniquement d'une évolution culturelle ou morale. Elle recèle en elle-même des res- sources politiques qui appartiennent aux répertoires d'action des élites nationales ou européennes. Il n'en reste pas moins qu'en résol- vant certains dilemmes, elle en a créé de nouveaux. […] Le dilemme d'une ›européanisation‹ de la mémoire paraît donc assez clair: com- ment éviter, d'un côté, les illusions de la table rase et la construction d'une mémoire artificielle sans fondements historiques réels, et, de

l'autre, la rumination d'un passé mortifère, où dominent encore les passions nationales et qui ne peut constituer le seul horizon d'attente de plus d'un demi-milliard de citoyens au risque d'alimenter les sentiments anti-européens?« Henry Rousso, *Face au passé. Essais sur la mémoire contemporaine*, Paris 2016, S. 263 f.

CLEMENS KLÜNEMANN, 1962 in Soest geboren, studierte Romanistik, Geschichte, Gräzistik, Germanistik und Theologie in Münster, Louvain-La-Neuve und Toulouse. Er ist Lehrer und Honorarprofessor am Institut für Kulturmanagement der Pädagogischen Hochschule Ludwigsburg.

Erste Auflage, Berlin 2019

© 2019
MSB Matthes & Seitz Berlin Verlagsgesellschaft mbH
Göhrener Straße 7, 10437 Berlin
info@matthes-seitz-berlin.de

FOTOGRAFIEN: Die abgebildeten Motive entstammen einer Privatsammlung von Ansichtskarten, datiert zwischen 1915 und 1967.
UMSCHLAG UND SATZ: Michael Rosenlehner, Berlin nach einem Entwurf von Pauline Altmann, Berlin
DRUCK UND BINDUNG: Beltz Grafische Betriebe, Bad Langensalza
ISBN: 978-3-95757-783-2

www.matthes-seitz-berlin.de